Carlos Nemirovsky

Winnicott y Kohut

Nuevas perspectivas en psicoanálisis, psicoterapia y psiquiatría

La intersubjetividad y los trastornos complejos

ediciones BIEBEL

Nemirovsky, Carlos
Winnicott y Kohut : nuevas perspectivas en psicoanálisis, psicoterapia y psiquiatría: la intersubjetividad y los trastornos complejos / Carlos Nemirovsky. - 1a ed - Ciudad Autónoma de Buenos Aires : Biebel, 2024.
236 p. ; 23 x 15 cm.
ISBN 978-631-6627-08-7
1. Psicoanálisis. 2. Teorías Psicoanalíticas. 3. Clínica Psicoanalítica. I. Título.
CDD 150.195

Ediciones BIEBEL
José Juan Biedma 1005 • (C1405ASM) Ciudad Autónoma de Buenos Aires,
Tel. (54-11) 4582-3878
www.edicionesbiebel.com.ar
info@edicionesbiebel.com.ar • edicionesbiebel@yahoo.com.ar

ISBN PRINT: 978-631-6627-08-7
ISBN EBOOK: 978-987-1678-74-7

Se han efectuado los depósitos de ley 11.723

LIBRO DE EDICIÓN ARGENTINA

La imagen de tapa pertenece a Lila Nemirovsky
Diseño y armado de tapa: Ramiro Pazo
Diseño de páginas: Cálamus

Carlos Nemirovsky

Winnicott y Kohut
Nuevas perspectivas en psicoanálisis, psicoterapia y psiquiatría

La intersubjetividad y los trastornos complejos

Índice

a María Alejandra

Presentación

por Augusto Abello Blanco

Un epígrafe de Winnicott dice:

> "... y lo cierto es que la mera cordura equivale a la pobreza"...

Otro de Carlos Nemirovsky (que –además– siento que me justifica):

> "... seguramente me conformaré con expresar mis opiniones, quizás demasiado personales ..."

No diré mucho del libro, sólo diré que es uno de esos libros que entran bien, desterrando así el equívoco de que los buenos libros son aquellos difíciles de leer, los que casi no se entienden, los caprichosamente oscuros, esos que muchas veces leímos con un sufrimiento indecible. Este no, este entra como los buenos vinos, y uno se encuentra en él con muchos pasajes a la altura de sus dudas e inquietudes; es como un libro que acierta y eso –ya lo sabemos– da mucho placer.

El libro parece estar escrito siguiendo ese pedido que unos alumnos le hacen a su profesor en una viñeta de El Roto, aparecida en *El País*: decían los alumnos: "Profe, no nos enseñe lo que le enseñaron, enséñenos lo que aprendió". La diferencia es enorme y el autor la conoce.

Creo que una idea parecida está incluida en la cita que Freud recoge de Goethe: "Lo que has heredado de tus padres adquiérelo para poseerlo". Aiento que Nemirovsky –en este libro– pudo hacer justamente esa operación con Winnicott y con Kohut.

Si compran el libro y les gusta, les sugiero que se lo recomienden a sus amigos; y si lo compran y no les gusta –cosa muy poco probable– también les pido que lo recomienden... en este caso... a sus enemigos.

Pero recomiéndenlo.

Lo cierto es que no hablaré del libro directamente, pero sí de su autor –que es otra forma de hablar del libro, claro.

El Dr. Nemirovsky recoge una idea fundamental y la desarrolla muy bien: "No se puede distinguir una obra de la persona que la creó ni de su contexto sociohistórico".

Creo que conociendo algo del autor podremos conocer mucho de su obra.

Ahora bien, no hablaré tampoco de lo que conozco de Carlos Nemirovsky, hablaré de lo que desconozco pero intuyo.

Ya que a Carlos le interesa el paradigma indiciario decir que yo lo he usado en esta ocasión y que tengo indicios –por no decir "sospechas", que suena un poco paranoico– de que Carlos Nemirovsky forma parte de una secta secreta, algo parecido a una Logia Masónica, o por ponernos más psicoanalíticos: algo como el Comité de los Anillos que Freud formase –en total secreto– con sus colegas más cercanos.

Es una corazonada que tiene una pequeña historia: yo lo venía intuyendo hace tiempo... pero hace pocos días ocurrió algo que me sacó de dudas: conocí en Madrid y en ámbitos lúdicos y profesionales a un amigo de Carlos, psicoanalista y buen conocedor –también– de la obra de Winnicott, Alfredo Painceira. ¡Ahí me cerraron ciertas cosas, el puzzle quedó armado y me di cuenta de que existe una secta winnicottiana! ¡Y que Nemirovsky debe tener un alto cargo!

Una aclaración necesaria: Winnicott no generó una escuela con militantes al uso dentro del psicoanálisis. Quizás y entre otras cosas, porque venía muy quemado de los excesos que M. Klein –y sus fieles seguidores– cometieron en pos de formar una escuela que perdurase.

En 1962 Winnicott escribe: "nunca he sido capaz de seguir a otro, ni siquiera a Freud. Pero Freud era fácil de criticar, pues siempre estaba criticándose a sí mismo".

Quizás gracias a esa actitud, no ser seguidor de nadie, es que Winnicott formó parte del Grupo Independiente y no adhirió a ninguna de las dos corrientes fuertes que dominaban el psicoanálisis inglés en aquel momento.

Carlos sabe bien que ser winnicottiano es –fundamentalmente– pensar en libertad, con independencia, no cercenar la creatividad propia, no negociar el ser. Por eso digo *secta* y no *escuela* (quizás debería decir *CLUB*, ya que en esta secta entran porque quieren y permanecen porque disfrutan), por esto les pido hoy que no vean ustedes en mis palabras una contradicción. Acaso sea… una paradoja.

Puedo, incluso, aislar ciertos rasgos de sus integrantes, y decir que se los puede conocer por cosas que en Carlos he conocido afortunadamente de forma directa y de las que puedo dar fe.

Si quieren un esbozo para reconocerlos (quizás ustedes conozcan a alguien de esta secta-club y no lo sepan) ahí va ese esbozo:

Son espontáneos y auténticos y lo son porque aman el gesto espontáneo y no les importa demasiado quedar expuestos como queda quien accede a esa práctica y corriendo los riesgos que eso implica, lo hacen porque saben que la vida merece la pena ser vivida en tanto se vive desde el mayor contacto con nuestro verdadero sí-mismo, saben que el mayor atentado contra la vida no es la muerte, es la "no vida", que sería –por ejemplo– quedar pegado a un falso self que anule la alegría de vivir auténticamente.

Desean con todas sus fuerzas vivir encarnando la experiencia vivida en cada momento, para ser agentes de su propia vida y así estar vivos… *sintiéndose* vivos.

Arnoldo Liberman, en su libro *Los celos y el amor* lo dice así: "sentirse uno mismo es asumir que nuestra existencia es irremplazable, que nuestra máscara y nuestro auténtico rostro son la misma cosa, que sin nosotros no vivimos lo que nos toca nadie podrá vivirlo por nosotros".

Winnicott escribió –en el esbozo que hizo de su autobiografía– algo maravilloso, decía: "¡Oh, Dios, haz que esté vivo cuando muera!" (curiosamente Carlos Cano, el cantautor andaluz –que siempre me llamó la atención por su sencillez y por su autenticidad– después de recuperarse de una intervención de corazón de alto riesgo contestó a la pregunta: "¿Temió usted morir en la operación?", diciendo: "No, porqué sé que moriré estando vivo...", y así fue, murió cuando lo pasaban de la UCI a una planta... por cierto, otra casualidad, también Winnicott murió de una afección cardiaca...

Se mueven cómodos habitando la experiencia cultural, como si hubiesen tendido un buen acceso a la zona transicional desde la que esta se gesta, les suele gustar la poesía, la lectura, la música...

Quizás no tuvieron toda la provisión ambiental como para tener regalado el acceso a la salud así entendida, entonces pienso que tuvieron/crearon o se curraron (en el sentido español de trabajar, no en el argentino) buenos encuentros humanos y tuvieron la inmensa suerte de tener buenos análisis y aprovecharlos, buenos en el sentido de que esos procesos –además de descifradores/interpretativos– se vivieron como segundas oportunidades para descongelar y hacer avanzar aquello –poco o mucho– que había quedado detenido en las etapas más tempranas.

Yo tiendo a pensar que tuvieron madres suficientemente buenas porque procuran, ya que en sus ideales está incluido, ser suficientemente buenos en lo que hacen –y especialmente– en lo que son.

Como analistas los imagino respetando la interpretación sin olvidar el valor del sostén, son de recursos amplios, son clínicos por vocación.

Siempre tienen a mano la ilusión, alguna ilusión (ojo, no son ilusos. No deberíamos confundir ambos términos) y se ve que algo de la omnipotencia vivida tempranamente –y bien administrada– les permite creer en lo que dice el novelista italiano Marco Vichi: "Somos seres insignificantes, pulgas del universo y, sin embargo, cada uno de nosotros se siente como si fuese él el que hace girar el mundo. Y quizás tengamos razón, somos pulgas que hacemos girar el mundo".

Una expresión con fuerte tono paradojal, por cierto.

Y hablando de paradojas... decir que les gusta mucho la paradoja (además de la "para-joda" como decía un amigo mío) y paradojean... y paradojean con naturalidad claro, no como un deporte, no como una pose.

Al hablar, eso se nota mucho, un interlocutor algo ingenuo podría –en muchas ocasiones– preguntarles:

–Disculpe, ¿está usted hablando en serio o en broma?

A lo que ellos contestarían:

–Por supuesto que hablo en serio... y en broma.

Si el interlocutor además de ingenuo fuese un poco obsesivo, repreguntaría:

–Disculpe, ¿en qué porcentaje "en serio" y en qué porcentaje "en broma"?

A los que ellos responderían:

–Calcule que cada frase es 100 % en serio... y 100 % en broma!

Saben que la paradoja debe ser respetada y sostenida y saben que Winnicott cuando hace este planteo no se anda con chiquitas, la paradoja es una forma de ver el mundo, es la aceptación lúcida y valiente de que ciertos aspectos centrales de la existencia no se pueden expresar de otra forma que como paradojas, que no admiten reduccionismos, aunque haya mucho jíbaro suelto que lo intente una y otra vez. Acoger la paradoja con todo lo que tiene –y nos exige– es aceptar la ausencia de certezas, es reconocer que no hay otro camino que vivir el significado subjetivo y múltiple de las cosas y que eso incluye la renuncia a la completud y a lo unitario.

Unamuno escribió: "La paradoja se desarrolla entre el corazón que dice que sí a la inmortalidad del hombre y la razón que dice que no. Ahí está la contradicción y la lucha. La solución vendría de reconocer una forma de conocimiento además de la sensible y la racional: la mística".

Les gusta jugar y juegan, no el sentido del término *game* (juego pautado) sino en el sentido de *play*, juego en un sentido amplio, lúdico, ligado a crear. Un amigo que vivió en Tanzania me contó algo fantástico: en Suahili hay un sólo verbo para designar jugar, bailar y follar y sólo el contexto permite saber de qué actividad y de qué placer se está hablando cada vez...

En la secta son buenos conversadores, y desean comunicarse sin ser hallados del todo, saben y respetan que el núcleo del sí-mismo, por definición, no se comunica y desde ahí respetan también en el otro el deseo de ser encontrado pero no descubierto.

Todo esto les permite tener la capacidad para estar solos, quizás la mayor garantía que tiene el otro de que cuando uno busca el contacto y el encuentro es porque quiere y lo desea y no tanto porque lo necesita… y esto no les impide saber que a la independencia absoluta nunca se accede… por suerte, diría yo.

En una cita que nos gusta mucho a Ariel y a mí, Winnicott dice: … "nuestra teoría incluye la creencia de que vivir en forma creadora es un estado saludable, mientras que la complacencia es una base enfermiza para la vida", es una cita que habla de la creatividad y de la libertad, rasgos emparentados en su raíz, y será por esa relación con la libertad, con la creatividad y con la no-complacencia, que pueden –por ejemplo– contradecir un tango en el que se puede escuchar una definición tremenda, dice: "Ya aprendí que en esta vida se cuidan los zapatos andando de rodillas"… los de la secta suelen tener los zapatos hechos polvo pero las rodillas casi intactas…

Si miráis hoy los zapatos de Carlos buscando una prueba de lo que digo debéis saber que esta mañana pasó, gracias a una sugerencia de Alejandra, por la sección de zapatería del Corte Inglés… porque es muy elegante, eso sí.

Muy al contrario de lo que algunos críticos ya decían del propio Winnicott son pensadores rigurosos, este libro lo demuestra, pero saben también la diferencia que existe entre rigor y rigidez y saben algo más: que el mayor rigor posible… es deseable y saludable que *nunca* sea alcanzado, porque ese rigor es el *rigor mortis.*

Porque siguieron a Winnicott cambiaron la posición depresiva por la capacidad de preocupación por el otro y de ahí que establezcan buenos vínculos y que sean menos depresivos de lo que la teoría auguraba.

Algo tienen los participantes de esta secta que hace que uno se sienta cercano, incluido siempre, que sea fácil sentir que la relación sostiene y se sostiene y que las risas –como dice mi buen amigo Miguel Borge– siempre nos están esperando, que el encuentro nos reclama, que podemos vernos tomando un té, un vino o presentando el libro de un amigo con un amigo seguido de un vino.

Aunque, a decir verdad, veo, después de tanto despliegue, que no es necesario haber leído a Winnicott para ser parte de este club, ni siquiera es preciso ser psicoanalista, si uno observa los rasgos que conozco de Carlos y que traté aquí de transmitir se dará cuenta que se resumen en que

a) uno se siente bien cerca de ellos;

b) aman la vida rabiosamente –y todo lo que ella incluye– y así, la honran;

c) son tozudos en el anhelo de ser –cada día– mejores personas;

d) son buenos amigos de sus amigos.

Es probable que todos ya se hayan dado cuenta, pero por las dudas voy a explicitarlo: quiero entrar en esa secta/club y leo estas líneas con la secreta esperanza de que me sirvan como el trabajo con el cual solicito dicho ingreso.

Deseo –de todo corazón– que Winnicott, Dios, los winnicottianos y Carlos Nemirovsky tengan a bien recibirme.

Muchas gracias por el libro, Carlos… y por todo.

23 de octubre de 2007. Ágora

Prólogo

por Valentín Barenblit [1]

Prologar un libro implica sin lugar a dudas un trascendente acto en el que se articulan los más relevantes aspectos de un compromiso personal, profesional y ético.

En esta oportunidad la generosidad del autor de este texto al brindarme el honroso privilegio de ocupar este lugar en su obra, contrasta con una realidad que considero importante expresar a los lectores y es la de que yo no soy un cualificado experto en la obra de Donald Woods Winnicott y Heinz Kohut, que Carlos Nemirovsky desarrolla en su libro con tanta excelencia como rigor teórico y clínico.

Pero me siento legitimado en esta breve aportación introductoria por diversos motivos, de los que mencionaré algunos que considero que justifican el placer de poder acompañar con mis reflexiones y opiniones este volumen.

En primer lugar, deseo señalar la importancia de una relación intelectual y emocional de varios decenios, relación que se mantuvo a través del tiempo y la distancia, ya que hace casi treinta años tuve que exiliarme de Argentina; desde entonces yo resido en Barcelona y al igual que con otros colegas y amigos este vínculo se mantiene de manera inteligente y afectuosa.

El comienzo de esta relación se remonta a nuestra pertenencia y comprometida participación profesional y personal, en el llamado por entonces Servicio de Psicopatología y Neurología del Policlínico

---

1 Profesor Honorario de la Universidad de Buenos Aires. Profesor Consulto de la Universidad Nacional de Lanús. Miembro de la Asociación Psicoanalítica Argentina, de la Sociedad Argentina de Psicoanálisis y de la Asociación Psicoanalítica de Buenos Aires.

de Lanús, fundado y dirigido por nuestro prestigioso e inolvidable maestro, el Prof. Dr. Mauricio Goldenberg, a quién tuve la gran responsabilidad y el inapreciable honor de reemplazar en sus funciones, como jefe de dicho Servicio, por los años setenta cuando nuestro maestro continuó su actividad en el Hospital Italiano de Buenos Aires hasta su obligada emigración, primero a Venezuela y luego a USA.

También cabe destacar que en la "Introducción. Mi contexto personal", Carlos Nemirovsky describe y analiza la influencia que hemos tenido en su formación y prácticas como psiquiatra y psicoanalista, junto con los autores que presiden el título de su libro sino también con un largo listado de maestros del psicoanálisis argentinos, americanos y europeos.

Muchos de ellos han dejado valiosas aportaciones e investigaciones a las distintas prácticas psicoanalíticas y se han posicionado en el campo psicoanalítico desde una perspectiva ideológica y teórico-técnica, que el autor destaca, para brindar los beneficios del psicoanálisis a la comunidad y para numerosos sectores de la población imposibilitados de acceder a las prácticas psicoanalíticas privadas.

Al mismo tiempo el autor señala la importante relevancia de las tareas interdisciplinarias. Este enfoque interdisciplinario remite a un concepto básico que se constituye en la actualidad, como marco de referencia primordial, que debiera ser objeto de una continuada atención, a los efectos de establecer una concepción ética que avale el reconocimiento simétrico de las distintas disciplinas. Además podemos afirmar que en el campo de la clínica, la función de la cura se desarrolla en la actualidad como un complejo espacio de producción de técnicas que incorporan una nueva perspectiva epistemológica. Partiendo de esta concepción se podrán investigar e implementar las complementariedades y articulaciones necesarias que promuevan la potenciación de distintas prácticas y la diversidad de posibles estrategias terapéuticas psicoanalíticas para la atención en Salud Mental, con una especial vocación de desafío a las así denominadas patologías mentales graves o severas, que en el título de este volumen se enuncian como *La Intersubjetividad y los trastornos complejos.*

Este especial interés se plasmó precozmente en el curso de su formación académica como Médico Residente de Psiquiatría y posteriormente continuó como integrante del equipo profesional de nuestro Servicio. De la misma manera que el autor, muchos de esos profesionales formados en "el Lanús" actualmente son prestigiosos especialistas y ejercen sus prácticas en el campo de la Asistencia, Docencia e Investigación en Salud Mental. Todos ellos optaron libremente por orientar sus intereses teóricos y conceptuales de diversas escuelas psicoanalíticas, así como también optaron por desarrollar distintos saberes que integran el amplio campo de la Atención a la Salud Mental.

También podemos destacar del texto las trazas identificatorias con un modelo de formación de posgrado donde, desde el Hospital General se desarrollaron los fundamentos de una creativa actividad en la Atención a la Salud Mental Comunitaria y las premisas básicas de los conceptos de la subjetividad y de las prácticas clínicas de psicoterapia individual, familiar, grupal, institucional y comunitaria, en el sistema de la Atención a la Salud Pública.

Mención especial merece a mi criterio, el relato y las referencias que el autor nos ofrece acerca de su biografía privada y la evolución histórica desde su infantil inspiración para comprender las vicisitudes del psiquismo humano; cuando en su Rosario natal, mas precisamente en el pueblo de Pérez, en el contexto de una familia numerosa nos relata que "en ese entorno, que enmarcaba amores, pasiones y rivalidades aunque también carencias, aprendí a sobrevivir y no pudo ser sino allí, en ese 'caldo de cultivo', donde siendo niño comenzó mi vocación psicoanalítica".

A partir de esa narración el texto nos transmite en un estilo retórico que evoca el discurso de Sigmund Freud, quien incluye con frecuencia a través de su extensa y prolífica obra, aspectos tan privados de su vida vigil y más aún tan íntimos, como cuando ilustra sus escritos con los relatos de su propia actividad onírica.

También me permito anticipar que placerá al lector, la sinceridad y los relatos que nos ofrece el autor, acerca de su evolución profesional, de su práctica clínica y la mención amplia y cuidadosa de sus referentes personales: amigos, colegas y de quienes como maestros o su propio psicoanalista, marcaron su pensamiento y facilitaron su libertad de expresión. En palabras del autor: "Si bien mi intención es hacer de este libro un texto orientador, y no un tratado seguramente me conformaré con expresar mis opiniones, quizá demasiado personales, aunque con la esperanza de que serán representativas de muchos colegas que me acompañan, compartiendo conmigo, esta perspectiva". "Es el reflejo de un recorrido que intento sea útil a los que comienzan, o a los que ya están en el camino".

Como en otras cuestiones tratadas con evidente valentía y coraje, mención especial merecen sus comentarios, que se refieren al Proceso militar genocida que se desarrolló en Argentina desde 1976 a 1983 y a los efectos destructivos que generaron en la vida ciudadana, en la salud mental de la población, en las instituciones y en el medio sociocultural.

En otro nivel aunque muy distante pero desde una posición del pensamiento crítico, enuncia entre otras, sus convicciones a cuestiones de poder en las relaciones paciente-psicoanalista y en el marco de las instituciones psicoanalíticas. Es así como examina el psicoanálisis didáctico que desde hace largos decenios se practica en la Asociación Psicoanalítica Internacional, institución a la que ambos pertenecemos.

En el cuidadoso transcurrir de este libro el lector irá examinando junto con el autor, "las ideas fundamentales respecto del desarrollo psíquico de Donald W. Winnicott y Heinz Kohut".

En la referencia histórica de la obra freudiana, Carlos Nemirovsky, excelente conocedor de dicha obra, encuentra el marco conceptual originario, esencial de nuestra disciplina. Quizás por ese cualificado conocimiento de los textos de Sigmund Freud, vuelve una y otra vez a ellos para poner énfasis en las aportaciones post-freudianas, en especial a su adhesión teórico-técnica a las contribuciones de Winnicott y Kohut, y también de otros psicoanalistas –a los que denomina sus inspiradores–. Podemos entonces afirmar, que este texto fue concebido y cuidadosamente escrito para ser "útil para la práctica clínica del psicoanálisis, de la psicoterapia y de la psiquiatría, especialmente con pacientes muy perturbados". Es en la búsqueda de estos objetivos que percibimos una inspiración y un deseo que evocan entre otros a destacados psicoanalistas que integran una amplia y cualificada Bibliografía General que evidencia la erudición y una amplitud referencial como también su meticulosa, prolongada y continuada dedicación al estudio de las obras de muy diversos autores.

También nos explicita los fundamentos y producciones originadas en su propia práctica clínica, donde historia y contexto son temas de especial interés tratados reiteradamente desde distintas perspectivas conceptuales.

Otro tema central que nos ofrece este libro es el del desarrollo psíquico temprano. Conceptos que comparten Winnicott y Kohut aunque desde distintas perspectivas singulares. De igual manera, se pone acento en la complejidad de los conceptos de Self, del Narcisismo, del psicoanálisis relacional e intersubjetivo como también en la importancia de lo "ambiental" para la constitución del psiquismo humano y obviamente para hacer inteligible la así llamada normalidad y las patologías psíquicas, en especial los también denominados trastornos mentales severos.

Desde estas complicadas problemáticas Carlos Nemirovsky nos ofrece en su addenda bibliográfica I y addenda bibliográfica II las referencias teórico-clínicas más amplias y detalladas de las producciones de Winnicott y Kohut y también algunos sitios web relacionados con las obras de dichos autores.

Para terminar este breve prólogo, creo conveniente señalar que en este texto el autor interpela a la "ortodoxia" en las prácticas psicoanalíticas y a lo largo de su discurso, en este libro se define como un pensador que promueve una amplia diversidad de cuestiones trascendentes, desde su marco conceptual y su práctica clínica "heterodoxa", propicia un debate constructivo que enriquecerá de forma cualificada los debates acerca de las teorías, la formación de psicoanalistas y de las prácticas clínicas del psicoanálisis.

Barcelona, diciembre de 2006

La locura es la incapacidad de encontrar a alguien que nos aguante.

D. Winnicott (1961), citando a su amigo J. Rickman

Introducción

Mi contexto personal

Las diferentes miradas de la clínica psicoanalítica postulan diversas hipótesis acerca del desarrollo del psiquismo. Cada autor, cada escuela, propone modelos –perspectivas– para comprender y explicar los fenómenos iniciales de la vida psíquica que tendrán incidencia en la organización mental del adulto. Las teorías psicoanalíticas originales –las que formulan nuevas comprensiones a través de originales planteos paradigmáticos– detienen su atención en aquellos elementos que jerarquizan, a los que conceden un valor central para la construcción del psiquismo.

A lo largo de este libro intentaré desarrollar herramientas para la comprensión de la constitución de las estructuras psíquicas del adulto, desde las miradas de autores con los que diariamente dialogo, desde hace más de dos décadas.

Las perspectivas que he de plantear están enlazadas con mi historia personal y profesional. El interlocutor privilegiado en estos últimos años es Winnicott, quien me ha resultado un modelo de pensador psicoanalítico profundo e independiente, cercano al sentido común y dueño de un lenguaje que hizo posible que la gente interesada, y no solo los profesionales, pudiesen beneficiarse de sus aportes.

Otro autor de mi bibliografía habitual es Heinz Kohut, cuyos paradigmas replantearon el psicoanálisis norteamericano, particularmente en su segundo libro de 1977, *The Restauration of the Self*, en el que aporta una original descripción de la época en que se gesta el análisis en la Viena de finales del siglo XIX, los valores sociales jerarquizados y su concepción del Self como continente de un psiquismo epigenético, emergente de la relación entre el individuo y su medio ambiente. Es a partir de esta época, que queda subrayado el alejamiento radical de Kohut de la clásica teoría freudiana de instinto/defensa (Teoría del Conflicto) siendo su consecuencia el desplazamiento del centralismo motivacional del instinto sexual, que pasa a ser un factor más y no el único motor del psiquismo humano. La perspectiva inaugurada por Kohut configura una línea propia de investigación en nuestra disciplina, que se agrupa hoy como la Escuela de la Psicología del Self.

En 1981, Kohut publica en el *International Journal of Psychoanalysis* su trabajo póstumo "Introspección, psicoanálisis y el semicírculo de la salud mental" en el cual opone al mito edípico (en el que se fundamenta la teoría freudiana del conflicto) el mito de Odiseo, basado en un narcisismo reparador, que lleva a la preservación y el cuidado de los hijos y a la cooperación intergeneracional (y no necesariamente a la rivalidad edípica).

Desde esta teoría, la muerte de Layo, padre rival, a manos de Edipo, así como la posterior pareja de este con su madre, la culpa y su ceguera, resultan *consecuencias* del abandono temprano del niño, son *resultados* del sufrimiento de un Self inmaduro incapaz de dominar sus instintos.

Coincidiendo con Winnicott, Kohut jerarquiza el ambiente humano, en interacción con un bebé que necesita tanto de sus objetos más tempranos, de sus cuidadores (como diría Balint, necesita de sus objetos como del aire necesario para respirar y sobrevivir) con el fin de ir edificando su psiquismo. Para estos autores, estas necesidades narcisistas de la criatura humana son previas, lógica y cronológicamente, al devenir de la organización de las vicisitudes deseantes. Las características de objeto son destacadas, en la medida de su capacidad de respuesta a las necesidades elementales. Por ende, el concepto de narcisismo freudiano es fuertemente modificado, como veremos más adelante.

Kohut (1977) combate contra el prejuicio que propone "al narcisismo como primitivo, y a la relación de objeto como más evolucionada", por lo cual la curación dependería de la transformación del narcisismo en libido objetal para el logro de la madurez. Como alternativa, postula dos líneas de desarrollo independientes, no jerárquicas, la del narcisismo y la instintivo-objetal.

También me apoyo en Balint, especialmente en el despliegue de la descripción del concepto de falta básica, así como en las propuestas del apego de Bowlby y en los desarrollos clínicos de McDougall, que desarrollaré más adelante.

A estos tan caros autores, los voy tomando desde diferentes contextos por los que transcurre mi evolución profesional. En el inicio de mi formación como psiquiatra, los libros de H. Ey y luego los artículos de G. Gabbard estuvieron siempre presentes y más adelante, como psicoanalista, fui recogiendo el pensamiento del riquísimo psicoanálisis argentino. Me fui anoticiando del psicoanálisis desde una mirada local, influida por nuestros Pichon Rivière, Bleger, M. y W. Baranger, Liberman, Etchegoyen, Gioia.

Desde este crisol que estos diversos autores fueron gestando dentro mío he tratado de escribir un libro útil para la práctica clínica del psicoanálisis, de la psicoterapia y de la psiquiatría, especialmente con pacientes muy perturbados.

Hoy en día, psicoterapia y psiquiatría son, junto con la práctica del psicoanálisis, mis herramientas de uso cotidiano. Con ellas trato de dar sentido a mi trabajo, a mi forma de estar en el mundo. Practico la psiquiatría, apoyando mi mirada en conceptos psicoanalíticos, que además de los autores precitados, se enriquece especialmente de los desarrollados por las perspectivas intersubjetivas, desde Ferenczi en adelante. Estas ideas resultan un inevitable sesgo, una manera de construir –especialmente con el paciente grave– la situación clínica.

La experiencia de estos años me ha llevado a pensar que la gravedad –y no hablo de un diagnóstico– es siempre complejidad (los trastornos eclosionan de múltiples maneras: en el cuerpo, en el trabajo, en la familia) y requiere siempre miradas desde múltiples perspectivas psicoanalíticas y no psicoanalíticas.

El subtítulo de este libro en lo referente a la psiquiatría está seguramente inspirado en el memorable artículo en el cual Winnicott

(1959) “La clasificación: ¿hay una contribución psicoanalítica a la clasificación psiquiátrica?” intenta reflejar la dialéctica psiquiatría / psicoanálisis, que refleja su propia trayectoria. También mi travesía y la de tantos otros colegas que comenzamos nuestra formación como médicos residentes, se inicia a partir de atender a los “pacientes de hospital”, mientras íbamos incorporando el psicoanálisis poco a poco[2]. En el Policlínico Lanús adquirimos una mirada que hoy está totalmente integrada en nuestras retinas y seguramente jamás podrá dejar de estar presente. Me fue posible ser psiquiatra e ir adquiriendo una sólida formación psicoanalítica, lo que no implica, dentro de mí, capas o catáfilas, con las que operaría en mi clínica, seleccionando de una manera esquemática o burda, al estilo de “este paciente es para psiquiatría y este otro para análisis”. Nunca pude separar mis acciones en la clínica. Me reconozco como un psicoanalista, al que no le molesta ser médico y psiquiatra. Nunca pienso en ayudar a un paciente desde “tal postura” excluyente de otras. Hago lo que mejor puedo por él. Luego, y especialmente comentando el trabajo clínico con mis colegas, son ellos los que las más de las veces me advierten acerca de la perspectiva utilizada como herramienta en una determinada intervención.[3]

2 Nos reconocíamos como psiquiatras “dinámicos”. El agregado de este “apellido” nos diferenciaba de los psiquiatras “clásicos”. Sin embargo, al concluir la Residencia en el Policlínico, el Ministerio de Salud nos otorgaba el título de “Residente de Psicopatología” (sic) es decir que para el poder oficial de turno, no éramos “psiquiatras veros”. Vieja discusión, sostenida hasta el presente. En este sentido, H. Ey (1978) comienza su libro “En defensa de la psiquiatría” diciendo: “la psiquiatría es médica o no es… Mal que les pese a los que le reprochan serlo demasiado y prefieren que sea ‘moral’ o ‘antropológica’ o ‘psicológica’ o ‘psicoanalítica’ o ‘social’ hasta ‘política’, es decir que no sea nada… renunciando a tomar como su verdadero objeto la enfermedad mental, en la estricta realidad de su estructura psicopatológica”. Un enfoque diferente es el de Gabbard, G. (2000) quien titula su libro *Psiquiatría psicodinámica en la práctica clínica* y plantea en su prefacio: “la psiquiatría psicodinámica se ha convertido en forma progresiva en una real psiquiatría integrativa, que sintetiza lo biológico y lo psicosocial”. Me encuentro más cercano a esta última posición, reconociendo los extraordinarios méritos de Ey.

3 Así como cuando niño debí ponerme a prueba, frente a un dilema que como tal era imposible de resolver, frente a la tan recurrente pregunta: “¿sos judío o argentino?”, el

Cuando debo prescribir medicación, con el fin de aliviar el sufrimiento sintomático e intentando crear mejores condiciones en el tratamiento, con la finalidad de armar con el paciente una pareja terapéutica que imprima un nuevo modelo de relación, no puedo dejar de hacer diversas hipótesis psicoanalíticas de acuerdo a mi formación, porque esa es mi forma de interrogar en la consulta y también de interrogarme. Quizá parto de dos déficits: me es imposible ser psiquiatra a secas –en esa concepción del psiquiatra como taxónomo de patologías mentales– así como no puedo reconocerme en la posición opuesta: un psicoanalista virgen de hospital, de locos, de comunidad. Mi práctica, quizá entonces, no puede ser otra que transitar el camino enriquecido y a la vez limitado por las identificaciones con mis maestros de ayer y de hoy.

Otro cuestión es mi imposibilidad de pensar en una práctica que no sea aquella basada en paradigmas indiciarios (Guinzburg, C. 1989) y que comentaré más adelante.

Nuestras ideas, nuestra forma profesional de operar, serán resultado de las historias familiares y personales de cada uno, de su desarrollo, del medio histórico-social, de sus docentes y de su clínica. Estamos "condenados" a una historia cambiante. Nuestra "tercera serie complementaria", será nuestra práctica que incluye inevitablemente nuestras teorías. En esta práctica siempre estaremos al borde de la crisis. Nuestra tarea nos torcerá el brazo a menudo, si somos sinceros con nosotros mismos y así, si sobrevivimos y nos animamos, descubriremos nuevos rumbos.

El contexto general en el que estemos inmersos, coronará la contemplación de nuestro universo profesional, y las teorias personales que elaboremos, deberán ser nuestros esclavos y no nuestros amos, parodiando a Guntrip, H. (1971).

---

encuentro en alguna reunión social con quien espeta: "¿sos psiquiatra o psicoanalista?" a veces completada por "¿usas el diván o das medicamentos?"... siempre me deja perplejo. Hace algunos años, trataba de explicar al insólito interlocutor que no eran conceptos que necesariamente se excluían entre sí. Hoy pienso que quien pregunta, habitualmente no desea conocer la respuesta y si intentamos alguna, seguramente, aburre.

Si bien mi intención es hacer de este libro un texto orientador y no un tratado, seguramente me conformaré con expresar mis opiniones, quizá demasiado personales, aunque con la esperanza de que serán representativas de muchos colegas que me acompañan, compartiendo conmigo esta perspectiva. Mi ambición es trasmitir con cierto orden las ideas con las que trato de reflexionar en los cursos o seminarios. Es el reflejo de un recorrido que intento sea útil a los que comienzan, o a los que ya están en el camino.

Intento estas reflexiones después de una cuantas décadas de egresado de la Facultad de Medicina de la Universidad de Buenos Aires, y del inicio de la formación en psiquiatría en un Hospital General de alta complejidad. En este ámbito los médicos residentes tratábamos de aprovechar los diversos recursos con los que contábamos: psicoterapia individual, grupal, familiar, reuniones multitudinarias con pacientes en "asamblea" como las llamábamos, así como terapia ocupacional, talleres, etcétera.

Eran estos años de nuestra gestación en la práctica de la psiquiatría y de la psicoterapia, en los que nos debatíamos en interminables discusiones, entre los que teníamos como objetivo la salud mental y aquellos que comenzaban a apuntar a la "pura cura psicoanalítica" (un colega, de la incipiente corriente lacaniana de entonces, nos acusaba de ¡saludmentalistas!)

Cuando ocurre el golpe militar de 1976 que instala la dictadura en el gobierno, se inicia una herida irreversible: comienza el desmantelamiento del Servicio y se lo desarticula de la salud comunitaria, que era nuestro objetivo prioritario. El grupo pierde la riqueza de su heterogeneidad y desaparece la relación con la comunidad.

Los intersubjetivistas plantean con razón que no podemos dejar de conocer el contexto en el que un autor formula sus hipótesis. Contexto y datos biográficos, nos permiten aguzar nuestra empatía con quien presenta sus ideas. Todo está presente finalmente en la historia que contamos. Como lo dice Borges, J. L. (1975) "Mi relato será fiel a la realidad o en todo caso a mi recuerdo personal de la realidad, lo cual es lo mismo".

Referiré algo de mi historia, de donde vengo: tengo múltiples orígenes y diversos mitos acerca de ellos, como todos nosotros. Historias que se me van modificando, a veces a mi pesar, cuando son miradas desde diferentes contextos y momentos vitales. Las experiencias que, me consta, no se suman por aposición, generan nuevas perspectivas, responsables de formas inéditas de ver, que me obligan a complejizar las construcciones que intento ir haciendo.

Historizar también es demistificar, desnaturalizar esa creencia de lo que pasó, como si se tratara de una tranquilizadora línea recta, de una meseta. Como nos enseñaba José Bleger, en su paso como docente por mi residencia en el Policlínico, no hay "historia natural".

La resultante de hoy, quien yo soy y al que reconozco en mí, es una amalgama de tres paisajes, entremezclados y absolutamente inseparables: Rosario, Lanús, Buenos Aires.

Mi parto fue en el Lanús, pero crecí en Buenos Aires, en Apdeba. La concepción tuvo lugar en Rosario o quizá para ser más preciso a pocos kilómetros de allí, en Pérez, pueblito en donde mi padre había construido una pequeña casa de fin de semana en un predio "comunitario" compartido con las casas de cinco de sus hermanos o cuñados. Pasábamos allí de tres a cuatro meses por año y entre hermanos, tíos y primos, sumábamos varias decenas. En ese entorno, que enmarcaba amores, pasiones y rivalidades aunque también carencias. Aprendí a sobrevivir y no pudo ser sino allí, en ese "caldo de cultivo", donde, siendo niño, comenzó mi vocación psicoanalítica. Luego fueron cayendo en mis manos La interpretación de los sueños, El chiste y los primeros historiales... que a los 14 años se mezclaban con lecturas de *El arte de amar, Sandokan, Corazón, Escucha Yanky* y el *Antiguo Testamento*.

En el terreno profesional, el origen más significativo es "el Lanús", crisol de ideas y de modelos que conservo vivo hoy, recreándose en mi memoria como un ideal posible y como guía esperanzada y no como utopía. Los liderazgos, de muy diferente naturaleza, que ejercían Mauricio Goldenberg[4] y luego, y en mi historia especial-

4 Moguillansky, R. (1992) plantea que "Es mérito de Goldenberg la fundación del primer Servicio de Psicopatología en un hospital general y la puesta en marcha del probablemente más serio programa de psiquiatría social que se ha hecho en este país. Impulsó el estudio epidemiológico en Salud Mental de mayor envergadura del área metropolita-

mente, Valentín Barenblit, fueron los gestores de un contexto facilitador que, como marco, me permitió, como a tantos colegas, el desarrollo de prácticas psicoterapéuticas únicas y originales, sintetizadoras e integradoras de los más diversos aspectos etiológicos de las patologías, a la manera de series complementarias. Atendiendo las complejas situaciones propias de las consultas que nos llegaban al Servicio del Policlínico Gregorio Aráoz Alfaro (aunque ayer y hoy sigue siendo "el Policlínico Evita") era imposible dejar de tener en cuenta los múltiples aspectos intervinientes en la patología mental. La consulta involucraba siempre todos los ingredientes que componen el mosaico enfermante, al que, simplificadamente, enunciamos como "biológico, psicológico y social". Plantearlo así, ateniéndonos a la complejidad causal, implicaba un intercambio entre los Residentes, que resultaba un hervidero de interminables discusiones acerca de que patología o que aspecto de ella correspondía a cada área. ¿Cómo podríamos evitar "reducir" aquello que se nos presentaba a un solo factor? ¿Si el problema era derivado de lo social como enfermante, cuál era el rol que como psicoterapeutas podríamos o deberíamos cumplir? Si en alguna patología que tuviera una fuerte base social, intentábamos contener al paciente, con psicoterapia y medicación, ¿no éramos cómplices de que el paciente evitara enfrentarse al problema que hubo originado su enfermedad? ¿Si pretendíamos coherencia, no deberíamos operar en todas las instancias productoras de la patología, ampliando nuestro radio de acción, dedicándonos más a la acción social y menos a las psicoterapias? ¿No sería una trampa enceguecedora ocuparnos, durante el desarro-

---

na. Hizo relevantes contribuciones a la organización y planificación de la salud mental en toda América Latina. Abrió una profunda senda en la Cátedra de Psiquiatría de la Facultad de Medicina, convirtiéndose en referente de una atención que se apartaba del manicomio ... con el regreso de la democracia, puso las bases de una educación médica distinta con la creación de la Cátedra de Salud Mental ... Los que estamos en APdeBA, además de la deuda personal que tenemos con él, reconocemos todo lo que le debe el psicoanálisis ... él contribuyó a poner a prueba nuestro instrumento en las patologías más graves, a la par que lo puso en contacto con enfoques interdisciplinarios. En la huella marcada por él, el psicoanálisis se amplió no solo hacia patologías más severas, sino que estuvo al alcance de las capas de más bajos recursos económicos".

llo de una psicoterapia, de los aspectos sociales de la enfermedad, en un contexto individual? ¿O pretender al Hospital como un refugio ilusorio de aquello que sucedía del otro lado de sus paredes? En el fragor de estas discusiones, nos forjamos varias generaciones de médicos residentes del Lanús y fuimos comprendiendo que las entidades clínicas, que caracterizaban la consulta del paciente, no resultaban pasibles de ser fácilmente tipificadas. Solo forzando una clasificación podríamos pretender que no había inextricables mezclas etiológicas. Todas estas experiencias, fueron, seguramente, las que más incidieron en mí.

Durante mi residencia médica tomo contacto con J. Bleger, E. Pichon Rivière, D. Liberman, J. Zac, R. Paz y también durante este período gozo de la consulta cotidiana con colegas mayores, profesionales/modelos, comprometidos con su tarea y con sus dudas, como L. Ricón, H. Fiorini, O. Fernández Moujan, H. Bleichmar, C. Sluzki, C. Bucahi, J. Kuten, S. Siculer.

Luego de mi graduación como médico residente, comienzo a ver la patología más descarnada, cuando con J. C. Ferrall y C. Verruno, iniciamos una nueva etapa del Centro de Alcoholismo del Policlínico.

Unos años después, a partir de la desaparición de la entrañable colega Marta Brea y de la intervención a nuestro Servicio, en 1976/77 se produce la dispersión de los miembros de aquel Lanús, generada por el Proceso Militar genocida.

Con mi modelo y maestro, Valentín Barenblit, ya en Barcelona, comenzaba para mí la búsqueda de una institución que me orientara en mi vocación. Quizá por mis características personales, o tal vez por justificarlas ideológicamente, no podía asumir un desarrollo "en singular", y busqué la pluralidad en la Asociación Psicoanalítica de Buenos Aires, APdeBA.

Una conferencia sobre el tema alcoholismo que brindó Horacio Etchegoyen para un auditorio médico fue el punto de partida del proceso de mi incorporación a la Asociación. Al finalizar la charla, permanecí interrogándolo acerca de mis pacientes alcohólicos, intentando aprovechar la basta experiencia de Horacio en el tema y también su manera, muy accesible y convincente, de conjugar la nomenclatura psiquiátrica con los conceptos psicoanalíticos. Con gran paciencia y aceptando el acoso de mis preguntas, generosamente, sin percibir honorario alguno, me invitó a supervisar mis pacientes con él, haciéndose tiempo para la tarea. Ese modelo de docente, continente, generoso y que contemplaba justamente la patología argentina de la marginación por excelencia, me colmó de gratitud. A partir de esta experiencia con Etchegoyen, trasladé mi confianza al grupo "Ateneo" de APA, precursor de APdeBA y solicité mi análisis didáctico. Horacio me sugirió a Roberto Polito, que condujo mi análisis, resultando una experiencia singular.

Los seminarios y las supervisiones hicieron lo suyo. Pertenecí al segundo grupo de candidatos del Instituto de APdeBA. Allí, hacia el final del cuarto año de seminarios, comienza a ocurrirme aquello que en mi intimidad llamo "el viraje": la formación que obtuve era fundamentalmente freudiana y kleiniana. Cursando un seminario en el Instituto de Psicoanálisis, presenté una viñeta; quien era mi profesor, excelente clínico, me interrogó acerca del esquema referencial con el que operaba. Le respondí que no podría determinarlo; simplemente, pensaba que correspondía que yo interviniera de la forma en que lo hacía, pero que no tenía en cuenta, incluso desconocía, los autores en los que me apoyaba para hacerlo. Esta respuesta disgustó mucho a mi profesor que me aconsejó revisara mis lecturas y que debía adoptar un esquema referencial claro y "no operar como un híbrido". Intenté seguir su consejo, pero encontré tan intrincado panorama, entre las lecturas del Instituto, las hechas como Residente en Lanús, las figuras de identificación entre las que estaban –y están– Valentín Barenblit y Hugo Bleichmar y otros ideales míos de los primeros momentos (L. Ricón, H. Fiorini, C. Slutzki), que me fue imposible encontrarme reflejado en un "preciso esquema referencial". Desde entonces comencé a aceptar, cuidándome de ocultárselo al profesor, que "mi modalidad" era esa mezcla (y que, lejos del eclecticismo, va gradualmente, con estudio y experiencia, modificándose con el tiempo) pero que tanto me ha permitido comprender y seguramente beneficiar a mis pacientes.

En esa época, después de sumergirnos en Freud, estudiábamos en profundidad, intensivamente, el pensamiento kleiniano/postkleiniano. Otros autores... estaban representados por solo unos pocos seminarios dictados en contadas materias.

Tengo "abuelos" y "padres" psicoanalíticos a los que me parezco (Balint, Winnicott, Kohut, Ferenczi, Fairbairn, Mahler entre los foráneos) y entre nosotros, reconozco identificaciones de Pclito, Liberman, Bleger, Gioa, Painceira, Lancelle, Valeros, como modelos que asumen con valentía el anuncio de ideas novedosas. Aunque seguramente, como es habitual en los hijos de hoy en día, me parezco más a mis contemporáneos –a mis "hermanos"– que a mis padres (esos hermanos son mis colegas de formación, mis amigos, quienes me acompañaron en la aventura del escribir, investigar y enseñar, especialmente M. Spivacow, E. Alba, A. Zonis, J. Aguilar, J. Bricht, F. Segal, G. Seiguer, J. C. Ferrali, R. Moguillansky, M. Nemirovsky, O. Paulucci, A. Abello, A. Liberman, M. Fernández Depetris, R. Rojas Jerez, M. Milchberg).

Y seguramente, trato de parecerme a quienes hoy leo apasionadamente: S. Mitchell, A. Green, H. Bleichmar, R. Stolorow, J. McDougall, B. Killigmo, O. Renik, C. Bollas, J. Benjamín, L. Aron, S. Pitzer, J. Slochower, F. Borgogno, D. Orange...

El viraje hacia los autores que hoy frecuento lo posibilitó la atención de una paciente *borderline* adulta, invadida por diversos síntomas, a cual más agudo (ansiedad, hipocondrías diversas, conversiones, tics, rituales) y que cada tanto presentaba lipotimias, ataques de ira, otros ataques en los que golpeaba su cabeza contra la pared o se autoagredía, cortándose o mordiéndose. Su pareja era un hombre esquizoide que se decía aturdido y abrumado por ella y que como salida –así me lo confesaba–, y para "salvar el pellejo", consiguió un trabajo en el interior, de manera que debía viajar por temporadas, mientras la paciente se quedaba sola. Por momentos ella permanecía en calma y era entonces cuando se dejaba llevar por diversos intereses, pudiendo profundizar y comprometerse. Pero cuando se descompensaba, lo hacía a toda orquesta, iniciando una reacción en cadena.

En las primeras visitas a mi consulta saltaba del diván al baño, luego se golpeaba la cabeza contra la pared o daba un portazo mostrando toda su ira conmigo, o me imitaba burlonamente. Tuve que acondicionar el consultorio para que no se lastimara, prohibirle abrir puertas que conducían a lugares privados y sacar algunos objetos con los que amenazaba arrojarme. Pero no podía comprender su proceso a partir de las perspectivas teóricas con las que estaba consustanciado en ese momento. Luego de dos años de tratamiento, al modo usual de la época (diván, cuando podía reclinarse en él, las cuatro sesiones semanales durante más de 10 meses al año) comenzó a telefonearme a mi domicilio por la noche, a veces durante la madrugada y lo hacía –así decía– para escuchar mi voz: "Quiero escucharlo, nada más". Una vez que yo articulaba algunas palabras, las que podía, se tranquilizaba y de esta manera (así lo entendía yo) podía soportar el tiempo que transcurría hasta la siguiente sesión. Me sorprendía no sentir sus llamados como irrupciones violentas (como solía entenderlo mi supervisor). Siempre percibí su intento de comunicarse, como una necesidad de sostener su vínculo conmigo, que el tiempo iba diluyendo. Necesitaba retomar el contacto, aunque sea telefónico. Las interpretaciones (en términos de intromisión en mi vida privada, o de ataques a la pareja con que podría representarme dentro de ella, en mi ausencia, con las que intentaba seguir la línea que me planteaba el supervisor) no se arraigaban en mí, las percibía extrañas; por lo que me escuchaba formulándolas de manera muy poco convincente. Intentaba insistir en el señalamiento de su intrusión en mi vida privada, pero una y otra vez resultaba inconducente. Fue entonces cuando busqué contactar con Alfredo Painceira, comenzar una nueva supervisión y leer con avidez la bibliografía que me recomendara.

En esta nueva etapa, pude comprender que la demanda de la paciente (que efectuaba en un medio muy diferente al de su crianza y con un interlocutor que trataba de comprenderla, tal vez por primera vez en su historia) era un intento de establecer un vínculo esperanzado que, ¡esta vez! no fallase, a diferencia de las relaciones tempranas de las que había participado de niña y de joven. Así, me sentí mucho más responsable de sus reacciones (fui comprendiéndolas como respuestas a nuestras separaciones) y dejé de interpretar su agresión en términos de identificaciones proyectivas. Sostuve el vínculo sin culpabilizarla. Entendí que cuando ella agredía o cuando se "desarmaba" estaba muy asustada; que se sentía sola y desamparada y comencé a percibir que mi tono de voz, mi actitud de espera tranquila y la construcción histórica, más que la interpretación transferencial, me permitían lograr valiosos momentos, en los que ella se mostraba reflexiva. Esto me condujo a ir hilvanando secuencias de su historia pasada y de su presente y entonces comenzaron a tener sentido, para ambos, los ataques de ira y los síntomas hipocondríacos que fuimos comprendiendo como reacciones a las amenazas de desamparo.

A partir de esta experiencia, comencé a comprender a mis pacientes con nuevas herramientas y a reconocer los fenómenos clínicos tan paradojales, con los que contactamos hoy en nuestros consultorios.

En esos años pude apreciar que no me bastaba mi propia disciplina para procesar fenómenos hoy tan comunes en nuestros pacientes y tuve la suerte de contactarme con Marta López Gil quien me abrió los ojos respecto al amplio contexto vincular posmoderno en el que estamos inmersos. Poco después fue Marta Zatonyi quien a partir de la historia del arte, me guió en la complicada lectura de Nietszche, de Heiddeger y de los actuales hermeneutas (Ricoeur, Gadamer, Vattimo, Rorty) que enriquecen nuestros pensamientos.

Puedo ver a muchos de mis pacientes en la consulta atravesados por la incertidumbre y la superficialidad, mucho más cercanos a la inconsistencia de su ser, que a la férrea lucha entre sus deseos y sus defensas, distantes de la clásica estructuración sintomática y por ende, lejos de beneficiarse con el psicoanálisis, tal como fue fundado.

Desde las "histerias" de Freud hasta los narcisistas de hoy y desde el aparato psíquico pulsional y cerrado que busca su descarga, hasta la construcción intersubjetiva que tratan de plantear Mitchell, Lyon Ruth, Aron, Renik, Stolorow y Atwood entre los más destacados, han pasado muchas décadas durante las cuales se ha caracterizado a una subjetividad cambiante, que no puede ser sino epocal, y que resulta hoy tan diferente de aquella centroeuropea de más de un siglo atrás. Estas hipótesis intersubjetivas son, seguramente, el punto de encuentro entre el presente y el futuro de mi manera de pensar, aunque aún me resulten por demás radicales.

Así como he contado de dónde vengo, debo reseñar también hacia dónde "voy yendo" en el devenir institucional. Aquí hay algunas cuestiones que puedo advertir en mí en esta transición: así como considero imprescindible a la institución psicoanalítica para la formación y el desarrollo profesional, por el momento no me planteo ser analista didáctico[5], a pesar de las posibilidades institucionales y seguramente de los antecedentes personales que lo haría posible. No creo que un análisis con carácter didáctico, como hoy está propuesto en las instituciones que así lo requieren, sea necesario.

Un buen análisis, aceptado por la institución a la que pertenece el futuro candidato, podría ser suficiente. Volvamos a Guntrip, H. (1975) cuando se pregunta con alguna ironía: "¿Hasta qué punto fue completo el resultado de nuestros propios análisis didácticos?"

Estamos ante una compleja relación de análisis y poder. No me refiero al poder en términos de sometimiento a determinadas ideas o personas, sino al que necesariamente se ejerce más allá de la disposición del analista con función didáctica, por el hecho de pertenecer a una institución, que considera a ese dispositivo esencial para la transformación del candidato en analista.

El análisis es imprescindible para la formación de un analista, seguramente es el elemento más importante de los que integran el trípode formativo junto a la supervisión y los seminarios, pero el vínculo Institución/analista didáctico genera en ambos componentes de la pareja un límite, un escollo difícil de abordar desde el interior de esa relación. Muchos de nosotros recomendamos analistas –y lo hacemos cuidadosamente– con o sin función didáctica, para

5 Cuatro años después de este escrito obtuve la función didáctica. Lo hice convencido de que desde el claustro didáctico podría colaborar a establecer un cambio en la concepción de esta función.

nuestros familiares (o para nosotros mismos) y podemos reconocer las bondades o no de estos análisis, por su proceso y resultado. ¿Por qué considerar el tratamiento analítico de un candidato de diferente manera?

Mi idea hoy es que acordar modalidades institucionales de un análisis, no necesariamente favorece nuestra formación, y –como podría decir Serrat–... prefiero un análisis a un didáctico, o un buen análisis, a otro organizado institucionalmente.

Respecto a la calidad de "completo" que Guntrip cuestiona, y a mi modo de ver, por la manera en que está planteado el análisis didáctico, es imposible que no sea incompleto, más allá de las características de la pareja terapéutica. Especialmente, así lo creo, porque por sus características, obstacularizará el análisis del poder: la institución, asociada al tratamiento analítico, no sólo será generadora de contratransferencias indirectas, sino que estará presente en la perspectiva de ambos participantes. El sello del poder institucional podrá devenir, a mi criterio, en un baluarte (en el sentido de los Baranger, 1969) duro de soslayar.

Capítulo 1

El desarrollo psíquico temprano después de Freud [6]

Sería agradable poder aceptar en análisis solamente a aquellos pacientes cuyas madres, al comienzo y durante los primeros meses de vida, hubiesen sido capaces de aportar condiciones suficientemente buenas. Pero esta era del psicoanálisis se está acercando irremisiblemente a su fin.

Winnicott, 1955

... en contraste con la estructura de personalidad de los pacientes de fin de siglo, cuyo examen llevó a Freud a concebir una psique dicotomizada y más tarde hablar del conflicto estructural, la organización de la personalidad prevaleciente en nuestro tiempo no está tipificada por la simple escisión horizontal que provoca la represión. La psique del hombre moderno, aquella que describieron Kafka, Proust y Joyce, está debilitada, fragmentada en múltiples partes (escindida verticalmente) y carente de armonía. De ello se desprende que no podremos comprender en forma adecuada a nuestros pacientes y explicarnos lo que a ellos les ocurre, si pretendemos hacerlo con la ayuda de un modelo de conflictos inconscientes no apto para ello.

Kohut, 1984

6 Este capítulo y algunos de los siguientes, parten de los desarrollados en los Cursos de Educación a Distancia de APdeBA, entre 2004 y 2013.

El contexto temporal

Me detendré en las perspectivas[7] derivadas de las ideas fundamentales respecto del desarrollo psíquico de Donald Winnicott y Heinz Kohut.

Sin duda, muchas de las cuestiones que en particular, Winnicott plantea, habían sido tratadas anterior o contemporáneamente por prolíficos analistas: Fairbairn y Bowlby, pero especialmente Ferenczi, exponen algunos enfoques similares, pero por distintas razones –que bien valdría analizar en la búsqueda de nuestros orígenes como analistas– no pudieron ganar terreno y universalizarse como escuelas en el pensamiento psicoanalítico, sino recién a partir de los desarrollos de los autores a los que nos referiremos.[8]

Hace algunos años (Nemirovsky, C., 1993) decíamos que "desde la muerte del fundador del psicoanálisis, nuestra disciplina ha sufrido cambios de magnitud, en buen grado, producto de las transformaciones culturales de analizandos y analistas. A partir de allí hemos visto nacer y desarrollarse mutaciones que replantean paradigmas básicos. Poco a poco se han ido modificando la forma de pensar (teoría psicoanalítica) y de operar en la sesión (técnica psicoanalítica)".

Etchegoyen, R. H. (1990), afirmaba: "Si contemplamos panorámicamente el desenvolvimiento de la ciencia psicoanalítica se nos

---

7 La perspectiva es siempre un resultado, un producto del imaginario social en un momento histórico. En el arte –¡y vaya si el psicoanálisis incluye tanto el arte al operar!– su valor es posibilitar un punto de vista hasta entonces no apreciado, permitiendo el hallazgo de nuevas formulaciones acerca de lo observado. Este proceder implica, finalmente, la creación de un hecho nuevo. Es lo que le permite decir a Alberti: "Por fin veo al mundo como Dios lo creó", al tomar contacto con la perspectiva renacentista que inaugura Brunelleschi. (Berger, 1976) y cinco siglos después a Dalí: "Cuando veo, invento" (Ades, 1982).

8 Podemos hipotetizar que aquellos planteos fueron demasiado adelantados a una época que exigía fidelidad a la mirada freudiana, cuando no a la figura de Freud y además, que probablemente los innovadores que pergeñaron esas concepciones no supieron o no pudieron ganar el poder político necesario para posibilitar la aceptación de sus nuevas ideas.

impone una línea divisoria muy nítida que coincide con el ocaso de la vida de Freud". Sin embargo, podemos considerar que tomar como punto de partida 1939, podría ser ciertamente parcial o arbitrario, ya que con anterioridad, fuertes corrientes cuestionadoras de aspectos básicos del psicoanálisis venían gestándose y, la más de las veces, dando a luz encendidas polémicas (los replanteos de Jung, Adler y Ferenczi son hitos en la historia de nuestra disciplina). Aun así, debemos reconocer que los años de la Segunda Guerra Mundial son harto significativos: a partir de los años 40 comienzan a delimitarse algunos paradigmas de las "escuelas" psicoanalíticas que hoy podemos reconocer. Green, A. (1975) también señala que "desde la muerte de Freud y aun antes, sin duda, ya no es posible referirse a la teoría psicoanalítica en singular".

La historia del psicoanálisis implicó siempre el debate, y este fue enriqueciendo teorías y técnicas. En este sentido, algunos hitos de la primera mitad de nuestro siglo, fueron las polémicas de su fundador con Jung, Adler, Rank, Steckel, luego con Ferenczi; así como los desarrollos propios de la escuela inglesa analizando a niños y psicóticos, con los liderazgos de Jones y Melanie Klein y las controversias de esta última con Anna Freud, seguidas por el desarrollo original del psicoanálisis en Estados Unidos a partir de Hartmann, Kris y Lowenstein, y luego, volviendo a Europa, el inicio de las originales ideas de Lacan.

Retrocediendo aun más, debemos tener presente que los primeros desarrollos de Freud se gestaron en el contexto victoriano, autoritario y cuyos valores esenciales lo guiaron en su investigación, estos son: el descubrimiento de la verdad y el logro de la individualidad psicológica. (Kohut, 1984). Así como es de destacar que en los últimos años de producción de la obra freudiana y como lo señala Erikson (1982): "...el período histórico en que aprendimos a observar tales revelaciones de la vida interna estaba convirtiéndose en uno de los períodos más catastróficos de la historia, y la división ideológica entre mundo 'interno' y el 'externo' puede muy bien haber tenido las profundas connotaciones de una amenazadora escisión entre la civilización judeocristiana, individualista y de raigambre iluminista, y la veneración totalitaria del estado racista".

La ciencia enmarcada en el positivismo[9], continuadora de las posturas iluministas, tenía sus representantes más conspicuos en Darwin, Pasteur, Koch, Lister, Curie, en pragmatistas como Pierce y en la transición hacia el siglo XX, a Russel, Bohr y Einstein, para nombrar sólo a unos pocos. Ellos también eran referentes para Freud y sin duda una valiosa guía, en cuanto a la metodología que utilizaría para la disciplina que estaba gestando. En este sentido, Freud debió convivir con dos desarrollos contrapuestos: por un lado, el auge de los métodos científicos derivados de la ciencia natural (excluyentes de aquello que no era abarcable por la objetivación y la mensura), y por otro la irrupción y gradual crecimiento del subjetivismo en la cultura (el fin del romanticismo y el surgimiento del impresionismo y luego, del surrealismo). Enmarcado por la Europa central de entonces, él acrisola en su formación cultural los valores de su época y también sus valores familiares y personales: desde allí va construyendo los cimientos del método analítico a partir de su autoanálisis (finalmente el análisis de un adulto sin graves padecimientos) y del análisis de sus pacientes, también adultos.

En el corazón de la Viena de los Habsburgo, trabajando como todo profesional de fines del S. XIX, en su propia casa, rodeado de su familia, comienza a penetrar en el psiquismo humano, el Complejo de Edipo, la sexualidad infantil, la realidad psíquica, la formación de sistemas o instancias, y de complejos o estructuras. Lo hacía allí, hace cien años.

Bettelheim, B. (1986) lo retrata de esta manera: "La decadencia política y al final, el aniquilamiento del antiguo imperio de los Habsburgo obligó a la élite cultural vienesa a descubrir y apropiarse de un dominio muy diferente y nuevo, el de la vida interior del hombre, el del inconsciente, el de los procesos mentales hasta allí ignorados. La expresión y las revelaciones más radicales y más espec-

---

9 Recordemos que las palabras iniciales del "Proyecto..." que Freud escribe en 1895 y rápidamente archiva, son: "El propósito de este proyecto es brindar una psicología de ciencia natural, a saber, presentar procesos psíquicos como estados cuantitativamente comandados de unas partes materiales comprobables y hacerlo de modo que esos procesos se vuelvan intuibles y exentos de contradicción".

taculares de ese proceso se encuentran en la locura. En consecuencia parece natural que haya sido Viena y en ese período, que Freud nos diera una interpretación totalmente nueva de los procesos mentales, tanto de la gente normal como de los individuos mentalmente perturbados...".

No debe resultarnos extraño, entonces, que en el psicoanálisis –ideado por un creador que en ese especial contexto buscaba fervorosamente la verdad y no la confirmación de dogmas establecidos– se replanteen, durante su evolución como disciplina, muchos de los puntos de vista de su fundador, que al decir de Guntrip, H. (1971) ha puesto la piedra fundamental, pero no ha construido la totalidad del edificio.

Las distintas expresiones de la cultura (artistas plásticos, arquitectos y poetas) incluyen siempre en su expresión los cambios axiológicos de la sociedad que les da origen. Así, la arquitectura vienesa de principios del siglo XIX, era el reflejo de una vida cotidiana centrípeta, posibilitadora de una familia[10] hiperestimulante que contrasta con la vida familiar de hoy, de fuerte tendencia centrífuga, que se despliega en nuestros edificios, cuyos habitantes resultan anónimos. La atmósfera de entonces, favorecía el desarrollo de la "prima donna" de los comienzos de siglo, la histeria, siempre necesitada de presencias. Como consecuencia, los primeros analistas, provenientes de ese mismo medio, centraban su atención en aquello que era obvio que atrajera su mirada: el complejo de Edipo y sus de-

10 Conjugando épocas y objeto de estudio, y a modo de ejemplo veamos que plantea Stern (1985): "Muchos datos sobre las pautas alimentarias de las sociedades primitivas existentes [...] sugieren que, casi durante toda la historia humana, los infantes fueron alimentados con mucha frecuencia, a la menor demanda hasta dos veces por hora. Puesto que la mayoría de los bebés eran llevados a cuestas por la madre, en contacto con el cuerpo de ella, esta percibía la más ligera muestra de inquietud por parte del niño e iniciaba breves y frecuentes comidas, tal vez de unos pocos chupeteos para mantener bajo el nivel de activación [cita de Stern: deVore y Konnor, 1974]. La consecuencia de esta perspectiva es que el drama del amamantamiento hoy en día es producto de nuestro sistema de crear una gran estimulación y activación en forma de hambre, seguidas por una caída abrupta. La saciedad se convierte en un fenómeno de intensidad y drama iguales a los del hambre, pero de dirección opuesta.

rivados, las neurosis. A partir de la clínica de estas neurosis podían explicar su origen y evolución y formular explicaciones operativas y acotadas, desarrollo que fue coherente y acorde a las metodologías científicas de la época. Crearon una metapsicología para la neurosis y los cuadros que quedaban fuera de esta singularidad, no podían ser abarcados por el naciente psicoanálisis.

Hoy, los pacientes esquizoides y borderlines, que se gestan en los desencuentros y en las separaciones –se nutren de ausencias– le quitan ese privilegio a la histeria, y requieren de nuevas explicaciones que contemplen a la organización familiar y social –a lo ambiental– como factor necesariamente interviniente.

Con un esfuerzo empático, como el que nos reclaman los historiadores contemporáneos para aprehender nuestro pasado (Carr, H., 1984), podremos comprender que muchos de los motivos de angustia de Freud en el contexto inicial de sus investigaciones, surgieron, como ya lo señalamos, del intento de ubicar al psicoanálisis dentro de las ciencias naturales, utilizando nomenclaturas adecuadas a ese fin, como catexia, aparato psíquico, libido. Actualmente, casi nadie dudaría de que la nuestra no es una disciplina exacta. Estamos hoy más cerca de la investigación histórica, de la narrativa, que de los métodos de las ciencias "naturales".

Partimos de la historia (de un paciente, de una familia, de un grupo) y desde allí hipotetizamos en el contexto de nuestra investigación clínica. No deja de ser recurrente nuestro cuestionamiento acerca de que es, que recorta, como limitamos esta historia. Frecuentemente nos preguntamos: ¿y qué es, entonces, la historia? La tautología de definir la historia como lo que hace el historiador, como al psicoanálisis como lo que hace un psicoanalista, subraya la dificultad de encontrar claros paradigmas para enmarcar nuestra tarea.

Historiadores y analistas utilizamos criterios provisorios, coyunturales, transitorios, que parten de indicios, de documentos, de narraciones... ¿Podemos intentar ser más precisos, por el momento, sin correr el riesgo de definiciones injustamente excluyentes?

Sabemos que la historia nunca es homogénea, nunca unidireccional, ni responde al principio de acción y reacción, al hecho simple y mecánico. El intento de homogeneización va por cuenta del historiador, que deberá lidiar con opiniones y presiones: nos es familiar que los dueños de la llamada verdad histórica son los que creen ganar y estos son los que habitualmente terminan escribiendo los textos.

En este sentido, una de las cuestiones a considerar es la definición del concepto de "hecho" en nuestra disciplina. Y aquí nos encontramos con que los hechos significativos, aquellos que el autor nos relata, son obviamente interpretaciones de lo acontecido; y los llamamos "hechos" porque son psicológicamente activos, eficaces y producen un efecto de verdad, de realidad, de acaecido.

Nuevamente citamos a Carr, H. (1984) cuando al referirse a la Historia como disciplina, señala que "el conocimiento del pasado ha llegado a nosotros elaborado por mentes humanas, por lo tanto, estos conocimientos son alterables".

Sabemos que no hay verdad histórica objetiva, y que la llamada verdad material no es tema de análisis. Debemos entonces considerar a los hechos como juicios admitidos que se asemejan a un suceso acontecido.

La historia es, después de todo, la historia del pensamiento... e implica una determinada perspectiva: la perspectiva del historiador ambientada en su contexto.

Esta reconstrucción del pasado en la mente del historiador/psicoanalista se apoya en lo que para él es la evidencia empírica: pero esta no es una mera enumeración de datos. Antes bien, en el proceso de reconstrucción rige la selección y la interpretación de los hechos: esto es lo que los hace precisamente hechos históricos. Y esta selección e interpretación en psicoanálisis, acude más a las fuentes del indicio que a las de la evidencia. A mi modo de ver, para nuestro quehacer, lo indiciario es más valioso que la mera estadística o que la enumeración de lo evidente. (Guinzburg, C., 1989).

Entendemos entonces, desde esta mirada, que la tarea primordial del historiador (o del psicoanalista en nuestro caso) no es recoger sino valorar. Recoger valorando. Porque si no valoramos, ¿cómo reconoceremos el material que merece ser recogido? No nos debe ser extraño lo tantas veces comentado respecto a la historia: "Los hechos en la historia no existen para ningún historiador... hasta el momento en que él los crea."

Paul Ricoeur (1977) sostiene que la teoría psicoanalítica selecciona y codifica hechos dentro del contexto de la sesión analítica, que son mediados por el lenguaje y dirigidos a otro. No son necesariamente observables, sino que resultan del sentido que cobran para el sujeto los mismos sucesos que el psicoterapeuta considera desde la posición de observador. Considera al hecho psicoanalítico en cuatro dimensiones: es narrable, está dirigido a otra persona, es fantaseado, figurado o simbolizado y además, es recogido en el relato de una biografía (historizado). Ricoeur coincide con los análisis de Habermas en cuanto a separar las ciencias histórico-hermenéuticas (ciencias del espíritu se corresponden con el interés práctico, reguladas por la intersubjetividad) de aquellas que buscan la objetividad.

Guntrip, H., (1967) basándose en Home, H. (1966) propone al psicoanálisis como el estudio de las vivencias subjetivas de objetos vivos, a través de un proceso subjetivo, interno, que llamamos reconocimiento o comprensión de nuestra vivencia inmediata.

Por otro lado, el aporte de Benedetto Croce nos enseña que toda historia es historia contemporánea: sólo podemos captar algo del pasado a través del cristal del presente, a la luz de los problemas y de las necesidades de nuestro contexto.

Entonces, ¿resultará que la historia no es más que una perspectiva sesgada? Si hacemos un ejercicio y pensamos: ¿cómo vemos hoy a la Edad Media? ¿Y cómo fue vista durante el Renacimiento? En nuestra respuesta, seguramente, nos encontraremos con hechos seleccionados absolutamente diferentes.[11]

Si nos preguntáramos qué representa Freud para los analistas de hoy en día (y dejando de lado los que por su vínculo narcisista

11 Niestzsche, F. (1972) dice con su tremenda voz: "La fuerza del conocimiento no reside en su grado de verdad, sino en su antigüedad, en su grado de asimilación, en su carecer en cuanto a condición vital. Allí donde estas dos cosas: vivir y conocer, parecían entrar en contradicción, no hubo jamás lucha seria; en este campo, la negación y la duda eran locura".

con el maestro hicieron por la vía de la idealización de su teoría un dogma), podemos consensuar un modelo de incansable investigador, no conformista y entusiasta, que teorizó y se refutó a sí mismo, por lo que su obra científica siempre abierta, no resulta uniforme o lineal. Saludablemente podremos identificarnos con su curiosidad, su rigor científico y su actitud frente a aquello que resulta novedoso: después de todo, él decía que el único texto sagrado era el del paciente, y este, finalmente, nunca es el mismo: se agregan patologías, varían las prevalencias, "construimos" otros pacientes desde diferentes culturas. Hoy podremos refutar, complementar o descentrar el resultado de muchas de las investigaciones freudianas, pero probablemente su método –su modo de investigar– continúe con pocas variantes.[12]

Dice Green (1995): "El duelo de Freud significa que nos vemos obligados a comprobar: 1. que él ya no está aquí para seguir, como lo hizo, rectificando su obra con arreglo a las enseñanzas de la práctica; 2. que aun cuando estuviese ahí, no nos sería de ninguna utilidad, porque seguiría pensando como un hombre de principios de siglo; 3. que tampoco podemos no advertir que su genio no lo eximía de permanecer ciego a ciertas realidades, y de estar impregnado por una ideología que debemos cuestionar; 4. que ningún sucesor de Freud, al margen de contribuciones absolutamente notables, nos ofrece solución alguna de recambio; 5. que tenemos que arreglárnoslas solos, en una perspectiva crítica. Crítica de la obra freudiana desde el interior y crítica de la obra freudiana desde el exterior, es decir, en función de nuestra experiencia y de nuestra epistemología".

Cuando contamos nuestra historia, afirmándonos en el pasado, pero desde nuestro tiempo, hablamos siempre de un movimiento...

---

12 Vale la pena enfatizar nuevamente que la psicopatología es un derivado de los esquemas referenciales; esquemas que son, a su vez, productos de la cultura de la época. La psicopatología habitualmente crece por los "bordes" de las categorías clasificatorias, como ejemplo: en las fronteras entre psicosis y neurosis aparece el borderline, pero pronto habrá que diferenciarlo del esquizoide que a su vez deberá distinguirse de las esquizofrenias ambulatorias y de las neurosis graves. Nuestras "nuevas miradas" van complejizando la taxonomía.

todo ocurre en un devenir (*going on being*, como lo llama Winnicott, apelando al presente continuo, al gerundio), significando un "ir siendo" ininterrumpido.

La obra de los autores que privilegiamos en este libro se difunde en el mundo psicoanalítico luego de la Segunda Guerra Mundial. Winnicott publica artículos que jerarquizan, con la fundada experiencia del autor, los factores ambientales en la constitución del psiquismo temprano (Winnicott (1945, 1952,1956). Kohut, algo más tarde (1959, 1966) propone la valorización del narcisismo –que a la sazón se construye a partir de relaciones objetales tempranas– como "motor" del psiquismo hasta entonces peyorizado.

Es relevante en la difusión de sus ideas, que ambos ocuparan cargos importantes en la organización política de sus respectivas instituciones y se proyectaron también fuera de ellas: Winnicott presidió en dos oportunidades la Asociación Psicoanalítica Británica, mientras que Kohut fue presidente de la Asociación Psicoanalítica Norteamericana y luego vicepresidente de la International Psychoanalytic Association, sumando poder político a sus concepciones científicas.

Hoy podemos apreciar que estas perspectivas –nuevas formas de concebir lo psíquico– han tenido un efecto multiplicador, y a partir de ellas, muchos pensadores han podido jugar creativamente, confrontándolas, reuniéndolas entre sí, o con las de otros autores, ampliando líneas ya trazadas y desarrollando propias.

Sería difícil establecer territorios limítrofes entre los seguidores de ambos autores: en una primera generación, podemos destacar a M.Khan, R.Laing, M. Milner, R. Gaddini, C. Bollas, siguiendo los pasos de Winnicott, mientras que aquellos que han seguido desarrollando las ideas de Kohut, lo hacen desde diferentes líneas: así han crecido pensamientos como los de Gedo, J., Orstein, A., Orange, D., Bacal, H., Stolorow, R., Goldberg, A., Mitchell, S., Branchasft, B., Lichtemberg, J. y otros, configurando verdaderas escuelas (hoy ya podemos hablar de kohutianos de la primera tópica, relacionalistas, intersubjetivistas, y algunas más en formación).

Otros contemporáneos como J. McDougall y A. Green, sin enrolarse en escuela alguna, abrevan también en fuentes directas o cercanas a Winnicott y a Kohut, entre otros, y han contribuido con sus teorías propias al desarrollo actual del psicoanálisis.

Vale la pena recordar la famosa cita de Guntrip, H. (1975): "La teoría es un sirviente útil... pero un mal amo, susceptible de dar origen a ortodoxias de toda clase".

Sin embargo, sabemos (por la experiencia de recorrer nuestra práctica) que a menudo nuestra teoría, se transforma inevitablemente en amo. Y resulta utópico, ingenuo, el intento de Wallerstein (1988) al plantear que los analistas tenemos la teoría clínica como un elemento común, unificador.

El mismo texto de Guntrip, H., se propone desde una línea que no parece demasiado plástica. Pareciera que los embanderamientos (las identidades del analista en cuanto a su *Weltanschauung*), son inevitables. Y resultan una resistencia o un baluarte a la hora de analizar. Seguramente esta es quizá una de las principales razones por las cuales es necesario abrir el psicoanálisis al intercambio con otras disciplinas...

Ampliando las superficies de contacto en el aprendizaje de los psicoanalistas, quizá no caigamos en la tentación tan simple de reducirnos a tener un solo amo.

Algunos aportes posfreudianos al desarrollo psíquico temprano

Tradicionalmente (Cvik, N., 1984) se consideraba psiquismo temprano al desarrollo sexual infantil hasta la culminación del Complejo de Edipo. Se hablaba de la "prehistoria" de la criatura. Desde esta postura, eran los desarrollos instintivos los tomados en consideración para definir el desarrollo. Hasta la aparición de las perspectivas de los autores a los que nos dedicaremos en este libro, no había sino referencias colaterales al papel del medio ambiente.

Autores como Mahler, Winnicott y Kohut, entre otros, enfatizan que el desarrollo primitivo tiene lugar exclusivamente en la matriz madre-bebé. Winnicott, como veremos en los próximos capítulos, afirma "el bebé… no existe" (y se refiere así, tan taxativamente, a la imposibilidad de aislarlo de la figura maternante).

> "[…] En los primeros estadios abstraer al infante de esa matriz indiferenciada y hablar del niño como un ser diferenciado (con pulsiones, fantasías e intencionalidad, etcétera) es un recurso de dudosa utilidad y peligrosamente expuesto a deformaciones adultomórficas" (Lancelle, G., 1984).

Desde el inicio de su vida el bebé necesita objetos que lo sostengan, lo manipulen y le posibiliten un gradual acercamiento al mundo objetal (Winnicott) así también, que lo reflejen y le permitan la fusión idealizada para sentirse seguro (Kohut). Si estos objetos, encarnados por la figura maternante (que no es necesariamente la madre biológica del bebé) responden a esas necesidades, posibilitarán la continuidad del Self en desarrollo, sin efracciones traumáticas.

El énfasis en la respuesta específica de los objetos del medio, caracteriza la perspectiva de estos autores. Si la atmósfera que rodea al bebé, es insalubre para su desarrollo, en la clínica nos encontraremos con sus consecuencias.

Si el medio falla reiteradamente en sus respuestas, estaremos dentro de la patología deficitaria.

¿Por qué se desplaza el acento del instinto y sus transformaciones hacia las modalidades vinculares? ¿Por qué estas perspectivas descentran el nudo edípico como piedra angular de la patología y dirigen su mirada a aquello vincular que precede a la organización triangular?

Consideremos el punto de partida contextual –y de la práctica clínica– de nuestros autores: Winnicott, Kohut y algunos de sus contemporáneos comienzan a preocuparse por el individuo que produce el medio urbano y esto se refleja obviamente en las búsquedas que orientan a estos pensadores: muchos sufrimientos psicológicos del hombre a partir de la posguerra, surgen como consecuencia de no poder hallar con facilidad la presencia, la disponibilidad, la comprensión, el encuentro, la cooperación intergeneracional, el respeto a la intimidad, que en plena sociedad posindustrial rehúyen tanto más que en la época de la modernidad freudiana.

Los diversos investigadores del psicoanálisis han forjado siempre teorías más o menos complejas acerca del nacimiento psíquico, necesitando hipotetizar acerca de los orígenes. Seguramente el método psicoanalítico, que propone un recorrido en reversa, intenta llegar a aquello que para cada escuela es lo más temprano, concepto este que, para Winnicott (1967) no es lo más profundo: él establece una notable diferencia entre más temprano cronológicamente (el ambiente indiferenciado aun del sujeto) y lo que resulta más profundo (aquello ligado a los fenómenos depresivos y el odio). Lo temprano, entonces, suele no ser parte del Self, aunque si de la historia del sujeto: se trata de lo que el medio brindó en los primeros momentos de la vida extrauterina, en términos de sostén, manipuleo y presentación objetal, mientras lo más profundo se va instalando gradualmente como contenido del Self. Si en el ambiente inmediato al nacimiento, hubo fallas generadoras de situaciones traumáticas, aparecerán luego, en el contexto de un análisis, quizá como "Transferencias de necesidad" (Nemirovsky, C., 1993) quedando a menudo resueltas por el encuadre y por los aspectos parainterpretativos de la actividad del analista (su presencia, tono y timbre de su voz, sus acciones). Aquello que resulta más profundo irá apareciendo si posibilitamos la resolución a través del desarrollo de lo tempranamente fallido.

Acerca del concepto de Self

Sólo destacaré algunos conceptos, relacionados con la idea del Self cercanos a la manera en que es concebido por las perspectivas que desarrollaremos. En consecuencia, no me detendré en los primeros aportes a la conceptualización del Self que provienen de H. Hartman, E. Jacobson, M. Mahler y O. Kernberg.

Stern, D. (1985) escribe: "El sí mismo y sus límites están en el corazón de la especulación filosófica sobre la naturaleza humana, y el sentido del sí mismo y su contraparte, el sentido del otro, son fenómenos universales que influyen profundamente en todas nuestras experiencias sociales. Si bien no hay dos personas que se pongan de acuerdo sobre lo que es, como adultos tenemos un sentido muy real del sí mismo que impregna cotidianamente la experiencia social. Es un fenómeno que aparece en formas múltiples. Está el sentido de un sí mismo que es un cuerpo único, distinto, integrado; está el agente de las acciones, el experimentador de los sentimientos, el que se propone intenciones, el arquitecto de planes, el que traspone la experiencia al lenguaje, el que comunica y participa el conocimiento personal. Por lo general estos sentidos del sí mismo están fuera de nuestra percatación consciente (como la respiración), pero pueden ser llevados a la conciencia y mantenidos en ella. Instintivamente procesamos nuestras experiencias de un modo tal que parecen pertenecer a algún tipo de organización subjetiva única que comúnmente denominamos sentido del sí mismo. [...] Incluso aunque la naturaleza del sí mismo eluda por siempre a las ciencias de la conducta, el sentido del sí mismo subsiste como una importante realidad subjetiva, un fenómeno fiable y evidente que las ciencias no pueden dejar de lado. El modo en que nos experimentamos en relación con los otros proporciona una perspectiva organizadora básica para todos los acontecimientos interpersonales. [...] Es un supuesto básico de nuestra postura que algunos sentidos del sí mismo existen desde mucho antes de la autopercatación y el lenguaje. Entre esos sentidos se cuentan el de ser agente, el de la cohesión física, el de la continuidad en el tiempo, el de tener intenciones en la mente..."

Recordemos que J. Strachey comenta en la Introducción al El Yo y el Ello: "Parece posible discernir dos usos principales de das Ich –'el Yo'– [...] en uno de estos, el vocablo designa el 'sí-mismo' de una persona como totalidad (incluyendo quizá su cuerpo) para diferenciarla de otras personas; en el otro uso, denota una parte determinada de la psique, que se caracteriza por atributos y funciones especiales. Freud empleó el término en este segundo sentido, en la detallada descripción de 'el Yo', que efectuó en su Proyecto de Psicología de 1895 (SE, 1, pp. 322-4), así como también en la anatomía del aparato psíquico que emprende en El Yo y el Ello. Pero en alguno de sus trabajos de los años intermedios (particularmente en los vinculados al narcisismo) el 'Yo' parece más bien corresponder al 'sí-mismo' (*das Selbst*). No es fácil, sin embargo, trazar una línea demarcatoria entre ambos sentidos del vocablo".

Freud (1930) ha escrito poco al respecto. Considero más significativo cuando lo expresa como: "Normalmente no tenemos más certeza que el sentimiento de nuestro sí-mismo, de nuestro Yo propio". Lo que refleja que si bien es difícil conceptualizar la idea, conocemos acerca de nuestro sí mismo como aquello que constantemente somos, podríamos decir, lo que reconocemos de nosotros mismos, nuestra identidad. El trabajo de Stern, ya citado, es coincidente con esta observación freudiana.

Winnicott (1970) asume que no es un concepto que le resulta fácil de definir. Lo hace a pedido de la traductora de su obra al francés y confiesa: "Me pregunté si podría escribir algo acerca de este término –se refiere al "Self"– pero desde luego tan pronto me puse a hacerlo descubrí que hay mucha incertidumbre, incluso en mí propiamente, sobre su significado. Comprobé que había escrito lo siguiente: Para mí, el Self, que no es el Yo, es la persona que soy yo y solamente yo, que tiene una totalidad basada en el funcionamiento del proceso madurativo [...] el Self se encuentra naturalmente situado en el cuerpo, pero en ciertas circunstancias puede disociarse del cuerpo, en los ojos y la expresión de la madre, así como en el espejo que puede llegar a representar el rostro de la madre". Nos referiremos en el próximo capítulo a los conceptos de verdadero y falso Self.

Kohut (1977) señala que el Self es incognoscible en su esencia. "No podemos, mediante la introspección y la empatía penetrar en el sí-mismo per se; solo son accesibles sus manifestaciones psicológicas introspectiva o empáticamente percibidas [...] el sí-mismo no es un concepto de una ciencia abstracta, sino una generalización derivada de datos empíricos [...] Podemos reunir datos sobre la forma en la que se establece gradualmente una serie de experiencias internas introspectiva o empáticamente percibidas a las que más tarde llamamos 'Yo' y podemos observar ciertas vicisitudes características de esa experiencia".

Schafer, R. (1989) entiende que nuestra identidad está formada por varios Selfs narrativos, coincidiendo con Mitchell, S. (1991) respecto a que la salud mental también depende de la tolerancia a las múltiples facetas con las que estamos constituidos.

Winnicott, Kohut y sus inspiradores (Ferenczi, Balint, Sullivan, Fairbairn, Mahler, Hartmann, Erikson)

Las perspectivas de los autores que especialmente estamos recorriendo, tienen un basamento en pensadores que intentaron dar cuenta de algunos fenómenos que son desarrollados más adelante y en forma exhaustiva por nuestros contemporáneos.

En la historia de la ciencia es habitual que las ideas sean expuestas por pensadores sin que necesariamente prosperen en el momento en que son enunciadas. Así, Aristarco de Samos, enunció en 270 AC el heliocentrismo, anticipándose al descubrimiento de Copérnico en más de 15 siglos, sin embargo G. Bruno y Galileo pagaron, años después del anuncio de Copérnico, el primero con su vida y el segundo con el renunciamiento público a sus ideas, el precio de plantear teorías que el poder no estaba dispuesto a aceptar.

En todo el desarrollo de la ciencia poder y verdad se oponen y sólo se complementan y recién se aceptan cuando el primero se adueña de lo definido como verdad en cada momento histórico.

Por otra parte la teoría es emergente del contexto, como lo señala Guntrip, H. (1971) al decir que "toda teoría en particular si se refiere a la naturaleza humana, está condicionada a la era cultural, a la atmósfera intelectual y a las ideas imperantes en la época que nace y se desarrolla". Así ocurrió –¿por qué habría de ser excepción?– en la historia del psicoanálisis. Sólo a modo de ejemplo encontraremos en las obras de Balint y Ferenczi muchas de las ideas que recién Winnicott puede enunciar.

Nos centraremos en los pensamientos de los autores predecesores de Winnicott y de Kohut, sin intentar desarrollar una síntesis de la obra de cada autor, entendiendo que entre todos integran un tronco común, una mirada particular, que genera una perspectiva que no queda sesgada en las vicisitudes instintivas. Recordemos que estos autores no consideran al conflicto psíquico el punto de partida de la patología psíquica, tomando en cuenta otras motivaciones de lo psíquico.

Habíamos señalado que se suele hablar de psiquismo temprano desde los primeros momentos del desarrollo hasta la culminación del Complejo de Edipo (la "prehistoria" de la criatura) considerando a los desarrollos instintivos como eje de la definición de desarrollo. Hasta la aparición de los predecesores que mencionaremos y en especial hasta las postulaciones de Winnicott y Kohut, no había sino referencias colaterales al importante papel del medio y de otros ejes motivacionales en la evolución del niño.

Recordemos que cuando afirma Winnicott que el bebé no existe se refiere, digamoslo nuevamente, a la imposibilidad de considerar al bebé como una entidad psíquica diferenciada. El bebé no resulta "dueño" de su psiquismo incipiente.[13]

Ya señalamos que en los estadios más tempranos de la evolución del bebé humano –tan dependiente e inmaduro– necesita objetos que lo sostengan (material y metafóricamente) que lo manipulen y que le posibiliten un gradual acercamiento al mundo objetal (Winnicott) así como que lo reflejen y le permitan la fusión idealizada para sentirse seguro (Kohut). Si estos objetos, encarnados por la figura maternante (que puede no ser necesariamente la madre biológica del bebé) responden a esas necesidades, serán experimentados como la continuidad del Self que se irá estableciendo.

El énfasis en la respuesta específica de los objetos del medio, caracteriza la perspectiva de estos autores. Si esta atmósfera es insalubre para su desarrollo, veremos las consecuencias a posteriori.

Estamos entonces, frente a propuestas que jerarquizan al medio en que se desarrolla la criatura humana, más allá de la evolución instintiva, para el logro del establecimiento de una salud adecuada. Si el medio falla (si los vínculos más tempranos resultan inadecuados para el desarrollo) estaremos dentro de la patología deficitaria.

---

13 Laplanche y Pontalis (1971) comentan acerca de las zonas erógenas, y desde la perspectiva del desarrollo libidinal: "Conviene considerar que las zonas erógenas constituyen, en el origen del desarrollo psicosexual, los puntos de elección de los intercambios con el ambiente, al mismo tiempo que solicitan, por parte de la madre, la máxima atención, cuidados y, por consiguiente, excitaciones".

Encontramos un cúmulo de ideas de los predecesores, pero comentaremos sólo aquellas que tienen luego continuidad en las obras de Winnicott y de Kohut.

Sandor Ferenczi (1873-1933) y el matrimonio Balint, son los gestores emblemáticos de la creativa escuela húngara de psicoanálisis. El primero vive hasta sus 60 años (1873-1933) dejando enorme cantidad de obra en la cual se replantea el psicoanálisis tal como se lo conocía en ese momento. Es importante acercarse a la lectura directa de sus escritos, ya que es uno de los autores tan cuestionado como "transgresor" como tan poco leído. Recién en los últimos años (¡tantas décadas después de su muerte!) su obra comienza a revalorizarse.

Ferenczi fue paciente de Freud, un paciente de apenas 90 sesiones en distintos períodos. Sus trabajos más originales, que implican su particular perspectiva, son los que aparecen en la última década de su vida. Uno de los más creativos, luego de la publicación de Thalassa (1924), es la Elasticidad de la técnica psicoanalítica (1928) donde desarrolla el concepto de Einfülhung (empatía) que será luego retomado por Kohut. Dice Ferenczi que esta empatía guiará la actitud del terapeuta en cuanto a cómo y cuándo interpretar y el modo de hacerlo (recordar que Kohut planteaba que la empatía es aquello que limita el campo de acción del psicoanalista, en cuanto al conocimiento que puede ir adquiriendo de su analizando y que fuera de ella, estamos en un terreno inseguro).

Michel Balint, quien compusiera muchos de sus trabajos con su esposa, a partir de una clínica de pacientes graves, abarca una serie de temáticas diversas, pero respecto a los antecedentes de nuestros autores, destacaremos a *La falta básica* (1968) como la obra más importante. La falta, sentimiento discernible en la clínica de pacientes graves, se desarrolla por el fracaso del objeto maternante en responder a las necesidades –preverbales, predipicas– del niño, dando lugar a la idea que se desarrollará luego como Teoría del déficit (Killigmo, B., 1978).

Fairbairn (1889-1964), recordémoslo una vez más, especialmente después de 1940, propone a la libido como buscadora de objetos y no de placer; a las zonas erógenas como canales mediadores, y a las fases libidinales como "técnicas del Yo" para regular las relaciones con los objetos, fundando las bases para una concepción que podemos denominar del "impulso primario" (búsqueda de objetos como motor central del psiquismo), divergente de aquella de "impulsos secundarios" sostenida por Freud: la sexualidad cabalgando sobre los instintos (anaclisis). La sexualidad queda desdibujada como motivación psíquica siendo la necesidad de amor (interés) lo que el bebé busca primariamente. De allí la compleja estructuración psíquica que propone Fairbairn que "incluyen funciones yoicas indisolublemente ligadas a objetos en la constitución de una realidad psíquica que excluye la mecánica-hidráulica instintiva del mundo interno" (Dupetit, S., 1986).

Fairbairn replantea, como señalamos, la teoría pulsional: no considera que el psiquismo sea resultante del conflicto entre impulsos y defensas. Tampoco acepta la postulación de un instinto de muerte. Para él, primariamente está la relación, el vínculo objetal y luego ese vínculo se cargará libidinalmente. Los impulsos son subsidiarios del Self y no son fuente de energía separados de las estructuras. Fairbairn no deja de destacar, como uno de los fundamentos de sus divergencias con Freud, las diferencias contextuales. El siglo XIX, para él, estaba dominado por "una concepción helmholtziana del universo físico".

Si consideramos el concepto de libido desde la perspectiva enunciada por Fairbairn, y lo enlazamos con lo postulado por otros autores (aquellos que presentan al Self como centro psicológico del individuo) podemos entender que queda fuera del campo del psicoanálisis de las neurosis todo un mundo vincular temprano que no encuentra lugar en la metapsicología clásica.

En USA, Harry S. Sullivan, psiquiatra y psicoanalista que vivió en la primera mitad del siglo XX (1892-1949) dedicándose en especial al estudio de paciente esquizofrénicos, desarrolla una tan interesante como poco citada teoría. Influido por el movimiento culturalista (White, Sapir, Mead, Meyer, Benedict) respecto al desarrollo de la personalidad (Sullivan la denomina Teoría de las Relaciones Interpersonales) y que sin duda, es la base desde la que despegan muchos de los intersubjetivistas de hoy.

Sullivan sostiene que el hombre, a partir de su biología, es un resultado de la interacción con sus semejantes, desde el nacimiento. Plantea que las motivaciones más importantes del psiquismo humano son el lograr satisfacción y el anhelo de seguridad. El logro de satisfacción tiene una apoyatura biológica, mientras que la segunda es un producto de la cultura. Él adscribe a la idea de hombre en situación: no hay hombre aislado, siempre estamos en una situación respecto a los que nos rodean. A partir del sustrato biológico, el hombre es resultado de su vínculo con sus semejantes, desde su nacimiento. Estas ideas le permiten integrar una concepción psicosomática y social del hombre que explora.

En sus conferencias en el Instituto William A. White, durante los años 1944 y 1945, planteaba que la enfermedad está relacionada con la comunicación interpersonal, en la medida en que gran parte del desorden mental, resulta de la comunicación inadecuada y es perpetuado por ella, al verse obstaculizados los procesos comunicativos por la ansiedad.

H. Hartmann (1894-1970) despliega sus hipótesis teóricas a partir de antiguos modelos biológicos positivistas y desde ellos, postula una esfera libre de conflictos en el Yo. La maduración del Yo, así lo postula, es el resultado de la acción recíproca e ininterrumpida entre las necesidades del organismo y las influencias ambientales (Fenichel, 1957). Considera al psicoanálisis como una psicología general y se interesa por las funciones mentales: afecto, memoria, conocimiento, etcétera, y especialmente, por los sistemas defensivos (Bleichmar y Bleichmar, 1989). La transferencia repetiría solamente los aspectos pulsionales edípicos, no siendo accesibles las etapas previas. Los aspectos relacionados a la figura real del analista cobran gran importancia, ya que con ella se relacionan los aspectos racionales, no conflictivos, del paciente, para establecer la alianza terapéutica. De estas concepciones derivan los pensamientos de autores como D. Rapaport, E. Zetzel y R. Greenson.

Erik Erikson (1902-1994) ocupa un lugar prominente en el psicoanálisis norteamericano. El se refirió a los potenciales del desarrollo en todos los momentos de la vida, construyendo el concepto de ciclo vital resumido en ocho etapas que no finalizan en la adolescencia, como se deduce de la obra freudiana en relación con la tramitación del Complejo de Edipo, sino que continúan durante toda la vida adulta y la vejez. Las cuestiones centrales en cada etapa, que al resolverse adecuadamente permiten el paso saludable a la etapa siguiente son:

Confianza vs. Desconfianza
Autonomía vs. Vergüenza y duda
Iniciativa vs. Culpabilidad
Laboriosidad vs. Inferioridad
Identidad vs. Confusión
Intimidad vs. Aislamiento
Creatividad vs. Estancamiento
Integridad del Self vs. Desesperación

Las cinco primeras corresponden a la niñez y primera adolescencia y las tres posteriores a la adultez y vejez. Cada etapa transcurre con crisis emocionales específicas y se ven afectadas y determinadas tanto por factores biológicos como por la cultura. En cada etapa encontraremos la posibilidad de un desarrollo saludable o enfermo. Tomando la primera etapa, la confianza básica, y en coincidencia con los planteos de los autores más citados en este libro, señalemos que esta actitud confiada que va adquiriendo el bebé, dependerá de una respuesta saludable del medio objetal a sus primitivas necesidades, pero que tendrá implícitas los requerimientos sociales de crianza. Erikson (1982) ejemplifica esta compleja operación en su observación acerca de los métodos de crianza de los Sioux, subrayando que el bebé perfeccionará sus funciones adaptativas desde los más menudos hábitos cotidianos. Las madres sioux son atentas y generosas con sus crías pero durante el amamantamiento, y en la etapa de dentición "suscitan jugando la pronta cólera del niño de tal manera que provocan el máximo grado de ferocidad latente". Y prosigue Erikson: "Esto parecía canalizarse, más tarde en el juego habitual y luego en el trabajo, pues la caza y la guerra requieren una agresividad eficaz contra la presa y el enemigo. Llegamos entonces a la conclusión de que las culturas primitivas, más allá de dar significados específicos a la experiencia corporal e interpersonal temprana para crea los énfasis *correctos* sobre los modos de los órganos y sobre las modalidades sociales, parecen canalizar cuidadosa y sistemáticamente las energías así provocadas y refractadas y dan un significado sobrenatural coherente a las ansiedades infantiles que han explotado mediante tal provocación."

Es importantísimo el aporte de Erikson a las teorías desarrolladas por los autores de "la escuela del Self", especialmente en lo que concierne al desarrollo epigenético y a la adaptación teniendo en cuenta los requerimientos sociales, encarnados en las acciones de la crianza.

A partir de numerosas observaciones del bebé y su madre, durante la décadas de los años 60 y 70, Margaret Mahler (1968, 1975) da cuenta de los fenómenos empíricos tomando en consideración el modelo freudiano, así como el de la psicología del Yo relacionándolos con los planteos de Fairbairn de las relaciones objetales, proponiendo tres fases del desarrollo normal, una primera fase autística, hasta la cuarta semana de vida, de absoluto narcisismo primario, en la que el bebé permanece aislado, absorto en sí mismo; seguida de una fase simbiótica, de unidad con su madre, hasta los 5 meses aproximadamente, para luego proponer la tercera fase, de separación-individuación, que comprende cuatro subfases (diferenciación, entrenamiento, acercamiento y constancia objetal) hasta llegar a la consolidación de la individualidad y a la integración y a una constancia objetal aceptablemente estable (entre los 2 y los 3 años).

La separación es considerada un logro intrapsíquico, mientras que la individuación comienza con la conciencia del propio ser. Mahler considera que en la psicosis infantil, la relación simbiótica falta o está gravemente distorsionada. En el síndrome autista, el niño no puede utilizar a su madre para hacer frente a los estímulos de origen aun no discriminados que lo amenazan como ente individual. La defensa autista es un intento supremo de alucinar negativamente la existencia del mundo de los objetos vivientes (Dio de Bleichmar, E., 1977).

En cada fase puede haber dificultades que se traducirán en posterior patología, autista o simbiótica.

Es imposible reseñar a muchos autores además de los citados, que influyeron en la obra de Winnicott y de Kohut, pero no podemos dejar de mencionar a Bowlby, J. (1907-1990) a quien nos hemos de referir luego.

Capítulo 2

El desarrollo psíquico temprano en las obras de Winnicott y de Kohut

Algunos datos biográficos de Donald W. Winnicott

Donald W. Winnicott nace en 1896 en Plymouth, Inglaterra, siendo el menor de tres hijos. Sus hermanas son 7 y 5 años mayores.

A los 18 años comenzó su carrera de medicina en la Universidad de Cambridge, pero debió interrumpirla por el comienzo de la primera guerra mundial. Fue cirujano a bordo de un barco de la marina inglesa y pudo completar sus estudios en 1920 en Londres. En estos años comienza su contacto con la obra de Freud. Y unos años después empieza su primer análisis con J. Strachey e ingresa a la Sociedad Psicoanalítica Británica.

Fue también especialista en pediatría, disciplina que dejó de practicar pocos años antes de su muerte. En 1923 ingresa al Paddington Green Children's Hospital, Londres.

A partir del establecimiento de Melanie Klein en Londres, comienza a supervisar con ella y luego de finalizado el análisis con Strachey lo prosigue con Joan Rivière.

Sus posturas equidistantes con Klein y con la también recién llegada Anna Freud, lo ubican como el líder más importante del grupo Intermedio de la Sociedad Psicoanalítica Británica (que queda conformada por tres grupos: annafreudiano, kleiniano y el numeroso middle group) Este último toma ideas de los otros dos, y aporta las propias e intenta una integración entre las ideas de Anna Freud y de Melanie Klein. Pertenecían a él M. Balint, J. Bowlby, Masud Khan, C. Rycroft, M. Milner, J. Klauber, P. King y otros pensadores.

Winnicott fue presidente de la Sociedad Psicoanalítica Británica por dos períodos: 1956-1959 y 1965-1968. Se casó en segundas nupcias con la trabajadora social psiquiátrica Clare Brittonn, colaboradora de él, durante la segunda guerra y falleció, sin dejar descendencia en 1971.

El psiquismo temprano

Winnicott trabajó toda su vida con niños, adolescentes y adultos y tiene cientos de casos registrados. Lo hacía con una gama muy amplia de patologías (desde neuróticos hasta borderlines, psicópatas asociales, psicóticos y perversos).

El estilo de su escritura, coherente con su forma de ser y de teorizar, también es destacable. De él M. Kahn dice: "nos contaba cosas que parecían evidentes y de las que rara vez se hablaba".

En la obra de Winnicott, quizá más que en ninguna otra, el estilo lúdico a la vez que profundo del autor, refleja, en las formas, las teorías que formula, especialmente su concepción del jugar y su idea respecto a las maneras de comunicarse los humanos (él plantea una comunicación directa, explícita y otra indirecta de la que, dice que si fuera totalmente explícita perdería su sentido).

Para él, el bebé nace con potenciales heredados que podrán desplegarse según los encuentros que se vayan desarrollando con los primeros objetos del medio ambiente. Es un planteo vitalista (Ferrater Mora, 1984), sin duda influenciado por el existencialismo heideggeriano, y también por Buber y Bergson.

Hoy lo ubicaríamos como un hermeneuta, en la medida en que Winnicott considera al objeto inmerso en una relación, y en el sentido de Gadamer y de Ricoeur, por el cual a través de la interpretación se accede a la comprensión del acontecer, considerando el devenir histórico de la persona y diferenciándose claramente de planteos estructuralistas.

El medio será facilitador del desarrollo, propulsado desde el potencial hereditario del bebé, y es a partir de este encuentro bebé/medio, en el que podrá emerger y crecer, si todo va bien, el gesto espontáneo del nacido, como expresión de su creatividad. Este es el paradigma que rige el comienzo de su obra original, a partir de Desarrollo emocional primitivo, de 1945, y que continuará hasta su último trabajo.

Medio y bebé constituyen una unidad inicial, de allí que Winnicott planteara "el bebé, (como entidad) no existe" aludiendo a la inseparable ligazón con el objeto maternante, que permitirá el desarrollo de potenciales heredados, a través de un lento tránsito hacia la independencia. Si el objeto indispensable, falla, el bebé reaccionará, interrumpiendo su continuidad existencial. Esta continuidad es central en la idea de salud psíquica del autor, definiéndose su interrupción como traumática.

La continuidad implica movimiento. Ir siendo. Devenir. *Going-on-being*, dice Winnicott, utilizando siempre el tiempo verbal que refiere a continuidad (el gerundio).[14]

El bebé necesita de sus objetos para integrarse, para vivir en su cuerpo (personificarse) y para tomar contacto con la realidad (realizarse). Frente a las necesidades del bebé es el objeto maternante quien cumple las funciones de sostén (*holding*) manipuleo (*handling*) y presentación del objeto (*object* presentation). Nótese que hablamos de necesidades y no de deseos sexuales. Dice Winnicott en *Realidad y Juego*: "...no es la satisfacción instintiva lo que determina que un bebé empiece a ser, a sentir que es real, a descubrir que la vida vale la pena ser vivida. El Self debe montar el caballo, no dejarse llevar por él". "Estas necesidades del Self (continuidad, intimidad, mutualidad) son continuas, mientras que los instintos, asaltan al bebé periódicamente. Pero si el bebé va resolviendo las necesidades del Self, podrá recibir con mayor armonía, sin patología, las exigencias instintivas".

---

14 Winnicott utiliza el gerundio o los participios sustantivados, para enfatizar la continuidad de la acción, el permanente movimiento, la continuidad del ser, el devenir, que son conceptos paradigmáticos en su teoría. Se ha traducido mal el título de su libro póstumo *Playing and Reality* como *Realidad y Juego*, de manera contraria a lo que él quería significar. Como señala Pontalis, J-B (1971) "que la palabra juego no es el equivalente a playing... y son frecuentes los téminos como *fantasying, dreaming, living, holding, using,* etcétera, términos que indican un movimiento, un proceso que se está realizando, y no un producto terminado".

Winnicott denominará "madre medio ambiente" a la función de la madre, configurada desde el bebé, que satisface las necesidades elementales y "madre objeto de la pulsión" a la función materna que da cuenta de las necesidades instintivas.

El niño realiza la travesía de la dependencia absoluta hacia la independencia, pasando por una dependencia relativa, logrando, como dice Winnicott "si todo va bien", la integración de sí mismo y de sus objetos, la personalización y los inicios de la relación con el otro. Estos logros se posibilitan por las funciones de sostén, de manipulación y de presentación adecuada de la realidad, que haga la madre. Esta madre "suficientemente buena" (buena por ser simplemente suficiente y no excesiva y que no requiere una inteligencia especial) es habitualmente sensible, vulnerable, resistente, pero también sabe de su odio, al que no niega (odio relacionado a la dependencia de su bebé y la responsabilidad de su posición). También desea ser comida por su bebé. Estas características maternas, se dan en medio de un estado de preocupación (*concern*) por su bebé (estado materno esquizoide funcional, previo al nacimiento de la criatura y que se mantiene unos meses después, y que Winnicott denomina Preocupación Maternal Primaria). Estas respuestas del medio ambiente, permitirán al bebé la vivencia de omnipotencia de haber creado él al objeto, en la medida que fue necesitándolo (al igual que aquel yo placer primitivo que describe Freud, este bebé winnicottiano podría decir "el pecho es parte de mi" y "así como lo creo, lo destruyo"). La función de la madre permitirá esa creencia que pronto se relativizará (a partir de la transicionalidad y con la incorporación de otros objetos de la realidad, la omnipotencia absoluta se tornará en omnipotencia de manipulación de los objetos).

Estas vicisitudes ponen al bebé en contacto con su capacidad de crear y esta vivencia de creación es central en el desarrollo de su Self. Podrá sentirse auténtico creando sus ideas personales, originales, propias.

Estas vivencias permiten que el bebé "sea" y se instale en su propio cuerpo y que haya podido tener la vivencia paradojal de haber inventado sus propios objetos. Estamos aquí en los comienzos, donde aun el objeto es "subjetivo" esto es, creado –y también destruido– por el bebé, que hace aparecer a este objeto cuando lo siente es necesario y lo hace desaparecer, desechándolo, cuando no quiere saber de él. Lo ama cruelmente, destruyéndolo a su antojo, para darle vida nuevamente. En este amor primitivo reconocemos el origen de la agresión, no intencional en esta etapa, en la teoría de Winnicott.

Este momento será seguido en una secuencia lógica y no necesariamente cronológica, por el momento transicional, en el cual los objetos (transicionales) tendrán una realidad material que permitirán la posesión (primera posesión no-Yo). Poseer al objeto permite ir diferenciando, en un movimiento dialéctico, el Self de aquello que lo rodea. El jugar, expresión de la creatividad y no derivado de los instintos, permitirá el despliegue de estas nuevas adquisiciones del bebé, en su vínculo con la realidad. La simbolización va de la mano de la separación gradual del primer objeto maternante. Aquí comienza la vida cultural del niño, en esta segunda etapa.

Poco a poco se van integrando la madre medio ambiente y la madre objeto de la pulsión y aparece la inquietud como una nueva sensación del bebé (a partir, aproximadamente, de los 8 meses). Allí comienzan sus primeros sentimientos depresivos, que se corresponden con la posición depresiva de M. Klein. En este momento, el bebé registra su agresión primitiva, sin intención, hacia los objetos que lo rodean y que ya son no-yo, y en consecuencia se siente responsable de ella. Comienzan sus sentimientos de culpa y sus intentos reparatorios.

En los diversos momentos la madre deberá sobrevivir al odio (a la agresión) de su bebé. Agresión necesaria, que forma parte inseparable del gesto creador. A partir de estas primeras experiencias, el niño podrá soñar y crear fantasías. Si la madre falla reiteradamente en estos momentos, su hijo se reprimirá o se instalará en la omnipotencia, siendo la base de la psicopatología de neurosis obsesivas severas o de actitudes antisociales.

Winnicott no adscribe a la hipótesis freudiana de la pulsión de muerte. Dijimos que parte de planteos vitalistas, de manera que rechaza toda posibilidad de reducción de lo orgánico a lo inorgánico. La vida, en este sentido, es "fuerza vital" independiente de los fenómenos físico-químicos. Lo señala bien Painceira (1997): "No hay lugar para el instinto de muerte en el pensamiento de Winnicott, la vida no es expresión de un instinto, sino que se manifestaría como expresión de un impulso vital muy cercano al *élan vital* de Bergson".

Los tópicos que hemos comentado brevemente serán retomados en capítulos posteriores.

El Desarrollo Psíquico Temprano en la obra de Kohut

Algunos datos biográficos de Heinz Kohut

Nació en 1913 en los Alpes austríacos, y se graduó de médico en Viena, luego de comenzar su análisis con un amigo de Freud, August Eichorn. Escapa del dominio nazi –poco después de la migración forzada de Freud a Londres– dirigiéndose a USA y especializándose en neurología en Chicago, y continuando su análisis, ahora con Ruth Eissler. Comienza allí su especialización en psiquiatría y psicoanálisis, ingresando al Instituto de Psicoanálisis en 1944 en el que luego de graduarse enseñará teoría freudiana y recorrerá los distintos pasos hasta llegar a ser analista didáctico.

Él ha sido, parafraseando a H. Guntrip al referirse a Freud, quien ha puesto la piedra fundamental de un edificio, el de la Escuela del Self, cuya construcción continúa.

Su obra trasciende su vida debido a su capacidad de proponer nuevos enfoques de gran valor en la práctica del psicoanálisis en la actualidad, así como a la de haber contribuido a formar discípulos idóneos, capaces de investigar la obra del fundador, recreándola, polemizando con él y ampliándola más allá de las fronteras de aquellas patologías que tanto le apasionaron en su clínica (nos referimos especialmente a los trastornos narcisistas de la personalidad).

Fue Presidente de la Asociación Psicoanalítica Norteamericana (1964-65) vicepresidente de la IPA (1965-73), vicepresidente de los Archivos S. Freud (1971-81) y Miembro de la Academia Austriaca de Ciencias.

Breve síntesis de su obra: diferentes períodos

a) En los trabajos previos a 1965, sus contribuciones parten desde el esquema referencial freudiano. También cita, en su bibliografía, a quienes fueron sus predecesores y contemporáneos locales (Hartmann, Erikson, Mahler, Kris, Lowenstein). Gradualmente incluye pensamientos originales, a partir de plantear sus concepciones sobre los desarrollos del narcisismo.
La particularidad de su enfoque comienza a manifestarse en 1959, con la presentación de un trabajo en el cual rescata los instrumentos fundamentales de la práctica analítica: la empatía y la introspección. Se trata de "Introspección, empatía y psicoanálisis".

b) En 1966, presenta en Buenos Aires una ponencia en la que desarrolla las 4 transformaciones maduras del narcisismo: empatía, humor, sabiduría y aceptación de la finitud de la vida. Este artículo se encuentra publicado en Psicoanálisis de las Américas (Paidós, 1968). También de este período son sus trabajos, ya clásicos, "Formas y transformaciones del narcisismo" y "Reflexiones sobre la furia narcisista". En esta etapa sistematiza los primeros dos tipos de transferencias narcisistas que investiga y que diferencia en especular e idealizada.

c) En 1971 publica su primer libro, *Análisis del Self* (Amorrortu) que aparece en español en 1977, en el que destaca su concepción del narcisismo como fuente de un desarrollo independiente de la libido (concibe un desarrollo biaxial de la libido: objetal y narcisista, alternativa a la concepción de considerar al narcisismo como subordinado al amor objetal).

d) En 1977 aparece su segundo libro: *La restauración del sí mismo* (Paidós) en el que aporta una original descripción de la época en que se gesta el análisis en la Viena de finales del siglo XIX, los valores sociales jerarquizados y su concepción del Self como continente de un psiquismo emergente de la relación individuo medio ambiente. Es aquí cuando Kohut se aleja radicalmente de la teoría clásica de instinto/defensa (teoría del conflicto), y fundamenta sus posturas en pensamientos que terminan configurando una línea propia que agrupamos como la Escuela de la Psicología del Self.

e) En 1984 se publica su último libro, *¿Cómo cura el análisis?,* escrito poco antes de morir, en 1981.

También en 1981, IJPA publica su trabajo póstumo "Introspección, psicoanálisis y el semicírculo de la salud mental" en el que opone al mito edípico (que fundamenta la teoría freudiana del conflicto), el mito de Odiseo con el que Kohut justifica su pensamiento más elaborado, basado en un narcisismo reparador, como ya señalamos, este mito modela el valor del cuidado y la protección de los hijos y especialmente la cooperación intergeneracional (y no necesariamente a la rivalidad edípica). Para él, como ya hemos señalado, el Edipo patológico es una *consecuencia del abandono temprano del niño,* un resultado del sufrimiento de un Self inmaduro incapaz de dominar sus instintos. Diferencia Edipo patológico (con consecuencias en la psicopatología del sujeto) de la etapa edípica normal.

Concepción kohutiana del psiquismo temprano

Kohut es uno de los autores que jerarquiza al ambiente humano como elemento imprescindible para la creación de estructura psíquica. Nos dice que el bebé necesita la presencia de los objetos más tempranos, de sus cuidadores. Acordaría sin duda, con lo planteado por Balint, quien pensaba a estos primeros objetos, como el aire necesario para respirar y sobrevivir. Sin el aporte básico del medio no es posible el desarrollo psíquico. Estos objetos tempranos, serán parte de un ambiente específico para el desarrollo a través de la conexión empática con el sujeto. Cumplen, por su presencia y acción, diversas funciones complementarias de las necesidades del bebé: reflejan al Self incipiente, están disponibles para ser idealizados y más adelante, pueden ser significados como alteregos por el sujeto.

La estructura del Self (o sí-mismo), se va formando en esta matriz de relación con estos objetos tempranos que denomina *Self objects* u Objetos del Self (OS) que gradualmente, luego de repetidos procesos de respuestas óptimas, se internalizan, configurando el Self nuclear del infante. Estas experiencias con los OS, irán permitiendo que, con el tiempo, la presencia funcional del objeto no sea tan perentoria.

¿Cuándo comienza el proceso de internalización? Cuando el OS falla gradual y adecuadamente en su función (falla óptima), cuando ya no es tan necesario. A esta operación Kohut la denomina Internalización Trasmutadora (IT).

Los OS se distinguen por haber sido catectizados por el niño con cargas narcisísticas, que Kohut distinguirá de la carga objetal. Estas cargas implican que el bebé no distingue su Self incipiente, del objeto (el OS es parte de si, como su propia mano).

Kohut describe dos tipos de OS para los tiempos iniciales:

Los que reflejan al niño confirmando su sentimiento innato de vigor, grandeza y perfección. Los denomina Objetos Reflejantes que se relacionarán, como veremos, con las ambiciones.

Aquellos objetos a los que el niño admira y con los que se fusiona, brindándole un sentimiento de calma, infalibilidad y omnipotencia. Los denomina Imago Parental Idealizada e internalizados, se relacionarán con sus ideales.

La constitución del Self se desarrollará en un proceso paulatino, que abarca las primeras etapas de la vida. La IT permitirá al niño mayor autonomía de sus OS y se realiza en dos pasos lógicos y cronológicos: a) la experiencia de satisfacción con el OS correspondiente b) la falla óptima del objeto (frustración tolerada por el niño, ya que se realiza en el momento y tiempo adecuado). La IT permitirá la formación de las primeras estructuras en el Self y resultarán en la posibilidad del infante de sentirse reconocido, valorado y confiado. Kohut postula que en el segundo año de vida este Self Nuclear se consolida como Centro de Iniciativa Independiente, integrando las ambiciones y los ideales básicos con las experiencias corporales y psíquicas constituyendo una unidad en tiempo y espacio.

Como ya lo señalamos, para Kohut, el Self es incognoscible en su esencia, sólo es inferible por sus manifestaciones y se puede llegar a él mediante la empatía y la introspección.

La configuración metapsicológica del Self de Kohut, contempla dos estructuras: el Polo de los ideales (en relación al ser) y el Polo de las ambiciones (el tener) entre los cuales se establece un arco de tensión. El primero se constituye a partir de la relación con un Objeto Idealizado, formando la Imago Parental Idealizada que de ser deficitaria requerirá del objeto para fusionarse logrando calma e infalibilidad. El Polo de las Ambiciones será el resultante de la unión con el Objeto Especular, del cual obtendrá confirmación, aprobación, vigor y grandeza. Entre los dos Polos se constituye un Arco de Tensión, donde Kohut ubica los Talentos y las Habilidades con que el niño cuenta para operar en la vida. Lo denomina Arco de Tensión porque implica una "constante corriente de actividad psicológica que se establece entre los dos polos del sí-mismo, es decir, las actividades básicas de una persona a las que se ve impulsada por sus ambiciones y guiada por sus ideales". (Kohut, 1977, p. 130).[15]

---

15 Se podría definir empatía: a) como fenómeno inherente a la comunicación humana: se trata de reconstruir en uno mismo de manera isomórfica con el otro sus estados psíquicos. Para que suceda esto, uno tiene implícitas algunas concepciones del comportamiento humano y de los diversos estados emocionales. Cuando el analista comprende empáticamente se ha producido en él una resonancia vivencial isomórfica con el paciente.

b) Como modo de conocimiento: se trata de un fenómeno espontáneo que se impone al observador. Pero esto no significa que se de como un acto único, es un proceso que lleva al conocimiento.

Para lograr este conocimiento se ejercen algunos mecanismos tales como la imitación, la imaginación, la evocación y la identificación momentánea, parcial y controlada.

c) Como instrumento terapéutico: la empatía permite la constitución del campo de interacción terapéutico en el cual se despliega el diálogo analítico, y de esta manera se posibilita la disposición a transferir.

Es una herramienta adecuada para posibilitar la personalización (lograr la integración, cohesión, y consolidación del Self) en aquellos pacientes que han sufrido trastornos originados en las fallas empáticas de sus objetos tempranos.

Si las etapas transcurren sin interrupciones traumáticas, el Self será cohesivo, vital y armónico. La patología podría llevar esa cohesión a la fragmentación, volverlo poco vital o hipertrofiado en uno de sus polos.

Los aportes centrales de Kohut al psicoanálisis

* Reiteremos que combate contra el prejuicio que existente y que considera al "narcisismo, primitivo, mientras que a la relación de objeto, más evolucionada", y cuya consecuencia sería el suponer la madurez (o la cura) como dependientes de la transformación del narcisismo en libido objetal. Como alternativa postula dos líneas de desarrollo independientes, no jerárquicas, la del narcisismo y la instintivo-objetal.

* El concepto de Self no resulta una idea abstracta, siempre en su obra, es cercano a la experiencia.

* El acercamiento íntimo que permite la comprensión al Self se establece por la empatía, la que a su vez delimita el campo abarcable por el psicoanálisis en la clínica.

* El narcisismo es caracterizado por su particular modo de vivenciar al objeto como una parte de sí-mismo. Esta modalidad vincular está en directa relación con la aparición de trastornos de la autoestima, (que no es, en la concepción kohutiana, un resultado del conflicto impulso/defensa).

* A partir de las particulares Transferencias Narcisistas, describe los Trastornos Narcisistas de la Personalidad y de la Conducta.

Las transferencias narcisistas serán llamadas, a poco de andar, "transferencias Objeto del Self", definiendo a este objeto, como

---

En síntesis, pensamos que sería posible reconstruir una situación que atañe a otra persona por medio de aproximaciones intelectuales o conceptuales, pero la posibilidad de acierto es mínima, cuando no ocurre el fenómeno de resonancia empática.

aquél que está cargado narcisísticamente para el sujeto y con el que se vincula básicamente de tres maneras: especular, idealizada y alter ego. Estos vínculos son imprescindibles para la supervivencia y el desarrollo del niño, que requerirá ser reflejado, así como necesitará de una figura (un objeto del Self) a quien idealizar, y más tarde, de un objeto que funcione como par con él (alter ego). Esta modalidad transferencial estará presente en el análisis, en función de los déficits de los objetos del Self existentes en la evolución del sujeto. Estos déficits resultan de una detención del desarrollo que podrá retomar su dirección, si el analista responde empáticamente, a la manera del objeto del Self necesitado.

Recapitulando entonces, para Kohut, un sujeto dispone de un "capital transferencial" que reconoce dos orígenes: a) de los déficits originados por la ausencia de disponibilidad o por la falta de empatía de los objetos primarios, que debieron, a través de sus funciones, satisfacer necesidades básicas del bebe en su crianza. b) de los conflictos edípicos.

Al igual que Winnicott no adscribirá a la hipótesis de la pulsión de muerte.

Las patologías narcisistas descriptas por Kohut son los Trastornos Primarios del Self (psicosis, borderlines, adicciones,) y las Secundarias (TNP, neurosis).

* El desarrollo psíquico humano no finaliza nunca. No termina en un "aparato" que procesa pulsiones –que se descargan, subliman o están en conflicto con la represión– y cuyo fin es la constitución del Superyó, o la maduración a través de la genitalidad.

  El autor señala que Freud se ocupó de caracterizar al Hombre Culpable, motorizado por los instintos y defendiéndose contra ellos, y teniendo como paradigma al Conflicto Edípico (basado en la lucha intergeneracional) como modelo de conflicto y centro del desarrollo psíquico. Kohut comenta que esta concepción universaliza el conflicto, remitiéndonos a una perspectiva restringida a lo psicobiológico, por lo que propone otro paradigma, basado en lo que denomina el Hombre Trágico que busca su destino y es apoyado por su padre (cooperación intergeneracional). Opone al mito de Edipo, el de Odiseo y señala a este nuevo enfoque como psicológico ya lejos del determinismo instintivo. Plantea la diferenciación de la fase o estadio edípico, de aquello que resulta una patología de esta fase: el complejo edípico. Si el desarrollo fue posible debido a una articulación adecuada con el medio, el niño transcurrirá por "el período o fase" edípica normal en la evolución, en la que predominará la colaboración o cooperación intergeneracional por sobre la competencia o el odio. El niño y su padre sentirán orgullo uno por el otro y no se desearán la muerte recíproca.

* Otro aporte es su contribución al estudio contextual en el que el psicoanálisis se desarrolla en cada época (véase la cita correspondiente en el acápite del capítulo 1).

A partir de la observación del medio social y de los valores jerarquizados en la época del surgimiento del psicoanálisis (conocimiento –el saber– e independencia) opone los hoy día tan valorizados, cuanto escasos, que destaca como la necesidad presencia de un semejante, la comprensión y la disponibilidad de los objetos.

Capítulo 3

Semejanzas y diferencias entre los enfoques de Winnicott y de Kohut[16]

Me propongo comentar aquellos aportes de Kohut y de Winnicott, que implican importantes diferencias con conceptos psicoanalíticos vigentes. Las ideas de estos autores no son meras ampliaciones de la teoría y de las prácticas freudianas, sino concepciones complejas que forman verdaderos cuerpos teóricos y que se instalan a partir de la controversia.

La aparición de estas perspectivas, como novedosos puntos de vista, las atribuyo a tres significativas razones:

a) los cambios en la subjetividad en función del momento histórico social,

b) la aplicación del método psicoanalítico a niños y familias, y

c) a la mayor experiencia acerca del tratamiento de pacientes borderlines y psicóticos.

Tanto las modificaciones del imaginario social, como la importante ampliación de la base empírica, y seguramente, la identificación con los rasgos de investigador audaz y desafiante del fundador del psicoanálisis –la identificación con su actitud y no el simple seguimiento de su letra– llevan a estos dos autores paradigmáticos al

16 Este capítulo resulta de una reelaboración de los publicados en *Psicoanálisis,* Apdeba, Vol XXIV, n.3, pp. 501-520, así como en www.aperturas.org (*Revista de Psicoanálisis Aperturas*) números 3 y 7 y del trabajo presentado en el XXIII Simposio y Congreso Interno de APdeBA, 2001, "Psiquismo temprano en el análisis de adultos: las perspectivas de Winnicott y de Kohut en el psicoanálisis actual".

replanteo de numerosas cuestiones que hacen a los conceptos teóricos básicos de nuestra disciplina, y que abarcan desde la motivación de los actos psíquicos hasta la técnica puesta en juego en el transcurso de un tratamiento psicoanalítico.

Hace algunos años (Nemirovsky, 1993) he señalado que sólo forzando la lectura de los protocolos que Freud redactara acerca del tratamiento de sus pacientes, podremos encontrar un método psicoanalítico repetido y constante, es decir "clásico", y no hay en ellos un modo "clásico" de enfrentar el sufrimiento psíquico: permanentemente está presente en Freud una actitud de investigar la clínica, construir teoría y volver con otra mirada a sus pacientes, en un circuito continuo, en el que sólo arbitrariamente podríamos hallar un principio y un final.

Tampoco resulta clásica la manera de conceptualizar la tarea, ya que la obra de Freud, siempre en movimiento, limita todo intento de fijar conceptos a través de definiciones operacionales. Las ideas centrales, que hacen a la concepción del psicoanálisis en sus orígenes, forman parte de una metapsicología que genera la posibilidad de diversas lecturas, permitiendo aperturas, base de las distintas escuelas del pensamiento, en las que se alinea el psicoanálisis actual.

Quizá cuando hablamos de "lo clásico" nos referimos a nuestro deseo de encontrarnos con un conocimiento seguro, indiscutible.

Estas son algunas de las razones que motivan el fenómeno de agrupamientos por escuelas, inherente a nuestro quehacer hasta el momento. Es por esto que, al presentar a dos analistas, que estimo comparten una mirada semejante, me resulta pertinente la pregunta acerca de cual sería nuestro común denominador.

¿Qué debe abarcar la formación analítica? ¿Qué nos reúne a los analistas? ¿Que hace que nos consideremos de la misma "especie"? Son preguntas de esquiva respuesta. Qué lejos estamos y cuánto nos tranquilizaría, contar hoy con una definición tan taxativa como la que diseñó Freud –intentando compactar al Movimiento Psicoanalítico en 1922– en que incluye lo que llamó "pilares básicos de la teoría psicoanalítica" señalando que ellos son: "El supuesto de que existen procesos anímicos inconscientes; la admisión de la doctrina de la resistencia y de la represión; la apreciación de la sexualidad y del complejo de Edipo: he aquí los principales contenidos del psicoanálisis y las bases de su teoría, y quien no pueda admitirlos todos no debería contarse entre los psicoanalistas".

Reconozco que además de nuestra paternidad freudiana, seguramente compartimos la noción de inconsciente (la noción descriptiva, más que la sistemática), así como su puesta en escena a través de la transferencia; nos es común, también, la actitud ética resultante de la posición del analista y el objetivo de la búsqueda de la verdad (enfatizando el camino, la búsqueda).

Pero bien sabemos que cuando un científico de la talla de Freud, propone un texto tan preciso, poblado de requisitos de pertenencia y por ende de exclusiones, es porque lo hace desde una perspectiva político-institucional, más preocupado por el grupo de pertenencia, por el movimiento psicoanalítico que él fundara, que por discutir un concepto de la ciencia psicoanalítica.

Si hoy intentáramos una definición totalizante de psicoanálisis, de bordes netos, sería imposible de acotar. ¿Nos nucleamos por las ideas, por las perspectivas, por el vértice desde el cual miramos la clínica? ¿O quizá por la actitud analítica, por la posición del analista en su tarea, como elemento que nos unifica?[17] ¿Es acaso unívoca la idea de la ética como para constituirse en el denominador común de los psicoanalistas de las diversas escuelas? Simplificando una idea básica, obviamente, es la aceptación del psiquismo Inconsciente lo que nos reúne. Pero considero que es especialmente la posición del analista, respecto a nuestras acciones ordinarias con el paciente, aquello que nos reúne con mayor especificidad, lo que nos define como analistas a la mayoría de nosotros.

Seguramente, hoy no podríamos admitir todos los requisitos –como lo exigía el imperativo categórico freudiano de 1922– y con el ánimo de definir una pertenencia, lo haríamos en relación con dos de las cuestiones que mencionáramos: el obvio reconocimiento

17 Wallerstein (1988) y Aslan (1988) se ocuparon del mismo tema, el primero, planteando que es la teoría clínica la que nos unifica como analistas. Aslan, sosteniendo como fundamentos unificadores la técnica psicoanalítica; las áreas teóricas compartidas y la estructura caracterológica de los analistas.

de los procesos anímicos inconscientes y la posición del profesional respecto a su paciente. No son requisitos demasiado precisos, pero por el momento, tan insuficientes cuanto necesarios. Es probable que estas ideas convoquen al mayor porcentaje de analistas. La inclusión de las ideas de la resistencia y de la represión como requisitos esenciales, da lugar a discusiones seguramente interminables. Tópicos como resistencia del paciente / resistencia del analista / resistencias narcisísticas / represión / disociación, harían imposible acordar de que manera incluir el concepto. Y respecto a otros aspectos del enunciado freudiano, como los conceptos de sexualidad y del complejo de Edipo, no serían rechazados por ninguno de nosotros, pero seguramente polemizaríamos acerca de cual debería ser el lugar que ocuparían en la definición de psicoanálisis. No todos lo colegas colocarían estas ideas en un lugar central o al menos, como motivación principal del desarrollo psíquico. Podríamos plantearnos por ejemplo si debiéramos entonces también incorporar a Narciso, junto a Edipo, o incluso a las neosexualidades. Para no mencionar a los desarrollos de las teorías del apego.[18]

En la medida que el psicoanálisis es un producto de la cultura, se van sucediendo innovaciones en la teoría, en la técnica, y en la concepción de una psicopatología y por ende en los diagnósticos,

---

18 Freud mismo relativizó aquellas definiciones taxativas, por ejemplo: "... el progreso del conocimiento no tolera rigidez alguna, tampoco en las definiciones. Como lo enseña palmariamente el ejemplo de la física, también los 'conceptos básicos' fijados en definiciones experimentan un constante cambio de contenido". Freud S., (1915) "Pulsiones y destinos de pulsión", AE, XIV, 113.

Luego el 15 de febrero de 1924 escribe *a los queridos amigos (del Comité):* "[...] ni la armonía que debe reinar entre nosotros ni el respeto que frecuentemente me han demostrado ustedes debería impedir de ningún modo que cada uno de ustedes haga el uso que mejor le parezca de su propia capacidad creadora. Lo que yo espero de ustedes no es que trabajen en un sentido que pueda complacerme, sino en la forma más acorde con sus propias ideas y sus experiencias. Un completo acuerdo sobre todos los detalles científicos y sobre todo tema nuevo que surja es absolutamente imposible entre media docena de personas de temperamento diferente, y ni siquiera deseable. La única cosa que hace posible que trabajemos juntos con provecho es que ninguno de nosotros se aparte del terreno común de las premisas del psicoanálisis...". Citado por Jones, E. (1960).

que dan cuenta de patologías que resultan moldeadas por nuestra organización social, por nuestras costumbres. Esta jerarquización de lo medioambiental, me ha llevado a revisar esquemas referenciales psicoanalíticos que asignan a la relación con los objetos que el medio brinda –y no sólo al devenir pulsional– una presencia imprescindible en el desarrollo humano y cuya ausencia, falla o inadecuada función tiene enorme peso en las determinaciones etiológicas del enfermar. En este sentido, es importante el aporte de Bleichmar (1997), quien propone al psiquismo como un estructura articulada, de "múltiples sistemas motivacionales o módulos, que en su interjuego ponen en movimiento la actividad psíquica o la tienden a frenar [...] Estos sistemas movilizan distintos tipos de deseos –de autoconservación, sexuales, narcisistas, agresivos [...] que establecen diferentes modalidades de defensas intrapsíquicas o intersubjetivas". Este autor, citando a Laplanche recuerda que Freud, al abandonar la teoría de la seducción, hace recaer el peso etiológico en el endogenismo de la pulsión, sin jerarquizar el papel que el otro desempeña en la constitución misma de lo pulsional.

Justamente, el "descentramiento de la pulsión" es significativo en la convergencia de las ideas fundamentales de las perspectivas[19] derivadas de estos dos autores prolíficos: D. Winnicott y H. Kohut, de los que intentaré señalar lo medular de sus contribuciones al psicoanálisis, así como algunos aspectos de sus semejanzas y de sus diferencias, teniendo presente la utilidad de sus enfoques en la comprensión de problemáticas hoy cada vez más frecuentes en nuestra consulta. No he de analizar en forma sistemática sus aportes.

---

19 Habíamos planteado que "la perspectiva es siempre un resultado, un producto del imaginario social en un momento histórico..." agreguemos que también Watzlawick (1976) señala a la realidad como resultado de la comunicación, y plantea que "el desvencijado andamiaje de nuestras cotidianas percepciones de la realidad es, propiamente hablando, ilusorio, y que no hacemos sino repararlo y apuntalarlo de continuo, incluso al alto precio de tener que distorsionar los hechos para que no contradigan a nuestro concepto de realidad, en vez de hacer lo contrario, es decir, en vez de acomodar nuestra concepción del mundo a los hechos incontrovertibles".

Conceptos históricos, conceptos recientes

El orden que imagina nuestra mente –nuestras teorías– son como una escalera, que se utiliza para llegar hasta algo. Pero después hay que arrojar la escalera, porque se descubre que, aunque haya servido, carecía de sentido.

Umberto Eco, *El nombre de la rosa*

Ya hemos citado (*supra*) la definición del psicoanálisis que hiciera Freud en 1922. Tantos años después y desde nuestro extendido psicoanálisis actual, difícilmente podamos coincidir con estas palabras, sin necesitar agregar conceptos y aclaraciones a este texto. Hoy, seguramente, no admitiríamos una única definición, o quizá, no debiéramos empeñarnos en buscarla, ya que persiguiendo ventajas unificadoras corremos el riesgo de reducir valiosas concepciones. Podremos sólo intentar establecer, como lo hicimos precedentemente, aquello que compartimos y define nuestro quehacer y que nos diferencia de otros profesionales.

Encontraremos que sexualidad infantil, transferencia y represión no son términos unívocos, y seguramente agregaríamos otros términos paradigmáticos, otros conceptos, que solicitan nuestra dedicación y esclarecimiento: quizá hoy podríamos agregar conceptos o redefinir los apenas enunciados alrededor de otros, como por ejemplo, las transferencias psicóticas, las transferencias narcisistas, la contratransferencia y así sucesivamente, amén de discutir acerca de las ideas de sexualidad (¿restringida o ampliada?, ¿primaria o secundaria a ciertas necesidades?) o polemizar acerca del hasta entonces central Complejo de Edipo (¿temprano, tardío, o incluiremos la propuesta de Kohut de "fase edípica", por la que transita –meramente, casi sin conflictos– el Self en desarrollo, cuando todo marcha bien?).

A través de la clínica y de las construcciones metapsicológicas que cada autor original ofrece acerca de la vida psíquica, arribamos a la motivación, a aquello que pone en marcha el psiquismo, a partir de la cual, la vida psíquica comienza a recorrer el camino de la complejidad.

Discernir las motivaciones de la vida psíquica, lo que empuja a su existencia, permitirá, tal vez, comprender y abarcar los fenómenos patológicos derivados de sus trastornos.

En este sentido, recordemos nuevamente que Bleichmar (1997) es uno de los autores que plantea al menos cuatro orígenes generadores de patología psíquica:

a) la clásica partiendo del conflicto,

b) la que resulta de un déficit del objeto externo: aquello que el objeto dejó de aportar para satisfacer necesidades básicas del desarrollo humano,

c) la derivada de traumas: cuando el objeto persiguió, aterrorizó, culpabilizó, controló abusivamente,

d) por inscripción patológica originaria, es decir por identificación del sujeto con la patología de los padres.

De esta manera, no sólo consideramos el conflicto edípico (los deseos sexuales como motorizadores del psiquismo) como lo propone el más temprano psicoanálisis. Hemos llegado a considerar otros tantos "motores" del psiquismo, relacionados entre sí en una trama compleja.

Y si ponemos a trabajar nuestro quehacer en un encuentro transdisciplinario, el replanteo también podría provenir desde el vértice de las neurociencias[20] y desde allí, revisar nuestra psicopatología y dentro de ella, los trastornos hipocondríacos, ciertas depresiones,

---

20 De hecho, la Revista Virtual Aperturas, (www.aperturas.org) que dirige Hugo Bleichmar, publica desde hace años investigaciones que correlacionan el psicoanálisis y las neurociencias. Ver por ej. el número 7 de 2001, "Los afectos: psicoanálisis y neurociencia". Artículo en el cual se relata una investigación en la que se le pidió a un neurocientífico de primera línea, que trabaja en la neurociencia de la emoción (Jack Panksepp) que evaluase de manera crítica la teoría freudiana del afecto, a la luz de su propia investigación. Posteriormente se solicitó a psicoanalistas y neurocientíficos (Antonio R. Damasio, André Green, Joseph LeDoux, Allan N. Schore, Howard Shevrin, y Clifford Yorke) que consideraran la teoría de Freud y el comentario de Panksepp desde sus propios puntos de vista. Este tipo de aperturas resulta sumamente valioso para los psicoanalistas y psiquiatras.

los trastornos de ansiedad, los cuadros límite, las órgano-neurosis... entidades clínicas de las que solíamos decir que "no reconocen lesión orgánica alguna", mientras en la actualidad, a partir del desarrollo de las neurociencias y de las nuevas técnicas de las imágenes cerebrales, no estaríamos seguros de afirmarlo. Y con más razón, en las psicosis.

Frente a la complejidad de los diversos desarrollos científicos, en el campo del psicoanálisis y fuera de él, pareciera que las definiciones acerca de las nociones básicas, dentro de nuestra disciplina, resultan escasamente abarcativas o podrían ser cuestionadas desde varios ángulos. Sostengo que más que definir nuestros paradigmas desde las diversas teorías, necesitamos y quizá con cierta urgencia, conceptualizaciones que abarquen los nuevos fenómenos clínicos derivados de los pacientes que hoy asistimos dando cuenta de los avances registrados dentro y fuera –o precisamente en los límites– de nuestro quehacer. En el campo que abarca el psicoanálisis y en frecuentes charlas con colegas, nos preguntamos con que conceptos teóricos nos podríamos explicar fenómenos tan inefables (como asimismo tan corrientes, en nuestra era) como los que nos trasmiten nuestros pacientes, entre perplejos y angustiados, cuando se perciben "anestesiados", "irreales", "vacíos", "extrañados", "frágiles", "inexistentes", "transparentes"...

No será fácil encontrar un instrumento explicativo, una metapsicología que sea lo suficientemente abarcativa, sin hacerle perder al fenómeno clínico toda su riqueza... sin forzar los observables comprimiéndolos dentro de una horma estrecha[21].

---

21 Señala Dio de Bleichmar, E. (2002): Junto a estos planteamientos, que modifican puntos centrales de la teoría *freudolacaniana*, venimos asistiendo a un giro teórico en el psicoanálisis: la modularidad de la mente, las múltiples fuerzas motivacionales que organizan el psiquismo, el desarrollo en paralelo de las mismas distribuido a lo largo de todo el ciclo vital.

A esta altura del conocimiento, solamente el aislamiento y las políticas de endogrupo tendientes a la consolidación del poder de algunas escuelas psicoanalíticas pueden desconocer la imposibilidad de seguir manteniendo modelos simples, monocausales, sobre los grandes vectores que van organizando el psiquismo. Por más que las formulaciones reduccionistas posean el atractivo de generar un sentimiento de omnipotencia en aque-

Los observadores sociales como Lipovetsky, lúcido ensayista, dice en 1986: "Don Juan ha muerto; una nueva figura, mucho más inquietante, se yergue, Narciso, subyugado por sí mismo en su cápsula de cristal". Y luego: "Los pacientes ya no sufren síntomas fijos sino de trastornos vagos y difusos; la patología mental obedece a la ley de la época que tiende a la reducción de rigideces así como a la licuación de las relevancias estables: la crispación neurótica ha sido sustituida por la flotación narcisista. Imposibilidad de sentir, vacío emotivo, aquí la desubstancialización ha llegado a su término, explicitando la verdad del proceso narcisista, como estrategia del vacío".

J. McDougall (1980) seguramente tiene en cuenta esta perspectiva social cuando sintetiza: "La búsqueda del otro no tiene tanto que ver con el deseo como con la economía psíquica de la necesidad sobre la que se asienta la conducta adictiva y las organizaciones de sexualidad perversa, en las que la sexualidad se utiliza como una droga". Coincide con Green (1990) "El problema mítico del paciente de nuestro tiempo ya no es Edipo sino Hamlet[22]". Y sigue diciendo Green: "Consideré que desde Freud había cambiado probablemente menos la población de analizandos que la escucha de

llos que las proclaman, poco a poco se va abriendo paso en el psicoanálisis la concepción de la complejidad de los sistemas motivacionales que interactúan entre sí -apego, hetero/autoconservación, sexualidad/sensualidad, narcisismo-, del papel de la agresividad como organización defensiva frente a las angustias que surgen de las amenazas a esos sistemas motivacionales, de los múltiples tipos de procesamientos inconscientes, de los varios sistemas de memoria existentes, de las relaciones entre contenidos temáticos que la mente procesa y estructuras de procesamiento transtemáticas que organizan esos contenidos y reciben la influencia de estos, etcétera. El paradigma de secuenciación lineal -un estadío después del otro-, que dominó tanto la concepción del desarrollo evolutivo del psiquismo como la forma en que en un momento dado se encadenan procesos asociativos, o los fenómenos psicopatológicos, encuentra hoy una concepción que lo supera: el denominado funcionamiento en paralelo distribuido, que concibe múltiples subsistemas activos simultáneamente (en paralelo), y los módulos emergentes distribuyendo sus efectos en redes de configuración específicas, siendo esta especificidad de la configuración lo que otorga individualidad al conjunto (McLeod, Plunkett, Rolls, 1998).

22 Aunque si pensáramos a Edipo desde la perspectiva del abandono de sus padres, hasta el vengativo asesinato de Layo, veríamos grandes similitudes con Hamlet.

los psicoanalistas. Por cierto no se puede desconocer que encontramos menos neuróticos que en la época de Freud, aunque sólo sea porque aquella población está más repartida entre una cantidad mayor de analistas. Pero esencialmente la escucha del analista ya no es la misma. Hoy es más sensible para detectar conflictos cargados de potencial arcaico, que tal vez se descuidaran en el pasado".

Nos preguntamos si estos aportes, a partir de los paradigmas que jerarquizan los factores sociales (como los que proponen observadores de los movimientos culturales, transmitiendo permanentemente una convicción coherente con el graffiti que podía verse en algunas paredes neoyorkinas que rezaba "El futuro no es lo que era"), contribuirán a satisfacer nuestra necesidad de contar con metapsicologías abarcativas e integradoras, con las que podamos comprender los fenómenos clínicos complejos que se nos presentan.

Teniendo en cuenta estas dificultades podemos inferir que uno de los factores que hacen de la nuestra una profesión imposible, es que cuando llegamos a un aceptable nivel de conocimiento respecto de la patología con la que tenemos que lidiar se producen cambios tanto en nuestro objeto de estudio, como en nuestro trabajo clínico y por ende en nuestras teorías.[23] Pero, al menos, vamos aprendiendo que debemos abrir nuestro campo a la transdisciplina, y entablar un diálogo fecundo con las ciencias de la cultura y con las neurociencias.

Algunos aportes de Winnicott y de Kohut

La clínica con pacientes complejos me llevaron a convocar especialmente a Winnicott y a Kohut, y a partir de esta práctica, fue creciendo mi compromiso con estas perspectivas. Sus pensamientos están siempre ligados al quehacer con el paciente, y aunque sus ideas lleguen a formularse en un nivel conceptual abstracto, mantienen

---

23 La fidelidad a Freud (¡y a todo maestro!) no consiste en la identificación congelada con sus productos terminados, con la letra de sus libros, sino con la trayectoria científica, arriesgando hipótesis, replanteándose y cambiando, integrando, desechando. Nemirovsky (1993).

una cercanía tal con los hechos empíricos, que resultan operativos y posibilitadores de aperturas.[24] Las patologías, que interrogan a ambos autores se gestan en los desencuentros y en los trastornos vinculares, problemática emergente de una época en la cual, los sufrimientos psicológicos del hombre, resultan consecuencia del modo de vivir, de relacionarse entre sí, sobre la que tanto se ha insistido al caracterizar la sociedad posindustrial actual.

Veamos ahora algunas semejanzas y diferencias entre ellos. [25]

Semejanzas

Si bien ambas perspectivas reconocen su basamento en Freud, sus concepciones no están centradas en las vicisitudes de la sexualidad ni en el determinismo instintivo, mientras el foco de atención (el objeto de estudio basal, la mínima expresión) es siempre el

---

24 Los trabajos en los que los analistas comentamos o intentamos sintetizar el pensamiento de un autor pueden tener varios orígenes y también diversos fines. Sería patético presentar ideas con el fin de convencer al lector que las teorías sintetizadas son las "únicas" que permiten abarcar –¡ahora sí!– la totalidad de lo psíquico. Dejando de lado este origen y confiando en que los lectores no le darán ese destino, expongo algunas impresiones acerca de las razones por las que considero necesario conocer estas perspectivas, estas miradas, de antecesores y maestros tan ricos como Winnicott y Kohut. Pero siempre será necesario tener en cuenta que: "Las teorías no son datos, observaciones ni descripciones: son maneras de arreglar y disponer los datos, las observaciones y las descripciones". Mitchell, S., 1988.

25 A ellos llegué, como lo expliqué en la Introducción. a partir de algunas situaciones a las que mi clínica me fue llevando. Analizo habitualmente pacientes adultos y algunos adolescentes. Mi formación básica (que obtuve fundamentalmente en "el Lanús" y en APdeBA por seminarios, grupos de estudio, supervisiones y mis propios análisis) es freudiana y kleiniana. Munido de este corpus de conocimiento atendí a los primeros pacientes en mis inicios como profesional, hasta aproximadamente 1982. Por ese entonces, conjugando seguramente cierta madurez frente a las cosas de la vida y la atención de algunos enfermos para los que no me bastaban las concepciones que hasta entonces utilizaba acerca del encuadre y también de comprensión de mi tarea (mi "metapsicología") comencé a contactar con algunos autores que me remitieron a su vez a otros; así, comencé a leer a J. McDougall , a Green, a Bowlby, Erikson, Sullivan... y a supervisar con los maestros Gioia, Lancelle, Painceira a quienes mucho les agradezco.

vínculo. Jerarquizan los factores ambientales en la crianza humana, considerando que el desarrollo sólo puede establecerse dentro de la relación madre/hijo (función maternante/hijo). El ambiente será el proveedor irremplazable de aquellos objetos que satisfarán necesidades elementales. El bebé necesita del imprescindible sostén (metafórico y real), del contacto y manipuleo de su cuerpo, del reflejo en la mirada del objeto maternante, de la provisión de objetos para posibilitar su idealización.

Si estas necesidades quedan insatisfechas se perturbará el desarrollo pleno del Self, que perderá o alterará alguna de sus características: dejará de ser (tan) vital, resultará inarmónico, desarrollando ciertas funciones y atrofiando otras... o facilitará la iniciativa de otros, sometiéndose a ellos.

A partir de este mundo narcisístico, aunque poblado de objetos, el sujeto irá desarrollando el sentimiento de sí y se irá diferenciando de sus semejantes. Esta progresiva discriminación requiere que el sujeto vaya tomando funciones de los objetos tempranos, haciendo la propia experiencia, a la vez que identificándose con ellos. Si todo anduvo bien en las etapas iniciales, habremos superado la patología resultante del déficit –que hubiese emergido en años posteriores– aunque también debemos sortear aún la etapa edípica.

Winnicott enfatiza su convicción de considerar la relación (madre/bebé) como unidad elemental, aclarando que el bebé no es discernible de la relación ni se lo puede estudiar o interpretar concibiéndolo como una entidad autónoma.

Este bebé inmaduro, no es aun un "centro independiente de iniciativas", como denominaría Kohut a un Self evolucionado, tampoco dispondrá de un Yo con capacidad para discernir sus conductas o elegir con autonomía, por lo tanto, la responsabilidad por sus actos en general y por la agresión en particular (con la culpa consecuente) aparecerán como logros tardíos.

El concepto de Self ocupa el centro del escenario. El Self abarca todos los aspectos de la persona que irá creciendo (como un proceso natural, diría Winnicott), en un medio de objetos que he caracterizado anteriormente como facilitadores, acompañantes y promotores de ese desarrollo, ejerciendo las diversas funciones que ya señaláramos en el capítulo anterior, denominadas por Winnicott, sostenimiento, manipuleo y presentación de objeto. Kohut los llamará objetos del Self. Más adelante nos referiremos a ellos, pero adelantemos que estos son absolutamente necesarios, en términos de cumplir con las funciones que la criatura humana necesita para relacionarse con su propia vitalidad y construir su psiquismo. Las fallas en este nivel elemental o temprano, derivará en un psicopatología fundada en la ausencia, en el desamparo, en la inadecuación objetal o de la sobrestimulación; finalmente, en la interrupción del proceso de desarrollo psíquico.

Las fuerzas motivadoras presentes en las concepciones de ambos autores son secundariamente instintivas; ambos priorizan las necesidades evolutivas: la búsqueda de contacto, el sostén, la posibilidad de fusión con un objeto idealizable, como así también la búsqueda de autoafirmación, conceptos que los llevan a considerar que la patología más compleja, no deriva de fuerzas que se oponen en conflicto, sino de momentos más tempranos, en los que la falla de los objetos (falta de respuesta emocional adecuada al momento de las necesidades evolutivas del niño) deviene traumática. Veremos más adelante las diferencias entre la psicopatología derivada del déficit y la del conflicto.

A estos tempranos momentos y a sus consecuencias psicopatológicas, se han referido entre otros: Gedo y Goldberg (1980); Gioia, T. (1984); Hoffmann (1999); Juri y Ferrari (2000), Killingmo (1989); Lancelle (1997); Levin de Said, A. (1999); Modell (1984); Ortiz Frágola, A. (1999); Painceira, A. (1997); Paz, M.A. (2005), Pelento, M.L. (1992) Robbins (1983); Rodulfo, M. (1992); Roussillon (1991); Schafer (1983); Segal, F (2005); Tolpin (1978); Wallerstein (1983); Zac de Goldstein ((1996); Zirlinger (2001); Zukerfeld, R. (1999).

Winnicott y Kohut adscribirían la postura de Fairbairn (1941) en cuanto a la necesidad primaria del encuentro con el medio ambiente: este autor proponía a la libido como buscadora de objetos y no de placer, como más adelante veremos, fundamentando una concepción que podemos denominar del "impulso primario" (búsqueda de objetos como motor central del psiquismo), divergente de aquella de "impulsos secundarios" sostenida por Freud: la sexualidad cabalgando sobre los instintos de autoconservación, o anaclisis.

Winnicott resulta fundamentalmente un vitalista, un buberiano; mientras que Kohut enfatiza la cooperación intergeneracional en oposición a la lucha edípica, siendo estas posturas coherentes con los planteos de cada uno de los autores respecto al origen y desarrollo del Self.

Estos dos autores, y luego algunos de sus seguidores, han comenzado a desarrollar, desde el campo psicoanalítico, conceptos hasta ahora no abordados por nuestra disciplina, como son: la esperanza, el sentirse real, la creatividad, el vacío (como percepción y como concepto metapsicológico), la expresividad, la personalización (y la despersonalización), la vitalidad.

Como vemos, si bien parten de diversos esquemas referenciales y de bases empíricas disímiles, convergen en conclusiones semejantes respecto a la comprensión de los fenómenos psíquicos.

Diferencias

Sólo las enumeraré sin un exhaustivo análisis de cada tópico.

a) Los dos autores difieren en la construcción de su "metapsicología" y en la manera de modelizarla. En rigor, Winnicott no apela a una arquitectura particular. No trabaja los conceptos relacionados con objetos internos o sus proyecciones, ni con las identificaciones secundarias, tan bien descriptas por Freud. Su preocupación principal se refiere a la autenticidad, a la relación creativa del Self con sus objetos y a la posibilidad de integrar vitalmente las experiencias. No intenta ser metapsicólogo, sin embargo, a numerosos conceptos que él crea podemos otorgarle status metapsicológico (objetos transicionales, fantaseo, creatividad, el uso del objeto, verdadero y falso Self, psicopatología en términos de pacientes depresivos y predepresivos, el concepto de locura, etcétera). [26]

Winnicott se refiere siempre a nociones que se desprenden de la observación clínica. Kohut, en cambio, propone un Self que podemos graficar con facilidad, tanto en su primera concepción (el Self como contenido del aparato psíquico freudiano), como cuando más adelante, propone la idea de Self como continente del aparato psíquico y lo esquematiza con dos polos (el de los ideales y el de las ambiciones, vinculados respectivamente con el "ser" y el "tener") y, entre ellos, un arco tensional –talentos y habilidades– que hunde sus pies en cada uno de los polos.

b) Otra diferencia que salta a la vista es el lenguaje: el estilo de comunicación de uno y otro autor. Estas formas de expresión no dependen sólo de los factores personales que hacen a cada autor, sino que también están ligadas a los contenidos de la teoría que cada uno formula: Winnicott (recreando en el lenguaje la base empírica del juego infantil) aparece juguetón, paradojal, aparentando simplicidad. Su lenguaje es narrativo, poético y también propio. En 1954, le escribe a A. Freud : "Tengo una manera irritante de decir las cosas en mi propio lenguaje en lugar de aprender a utilizar los términos de la metapsicología psicoanalítica".

Kohut, que no incluye niños en su experiencia clínica, utiliza un lenguaje "científico" en concordancia con los modelos físicos

26 Adriana Anfusso (2001) desde Uruguay me hace llegar un interesante comentario: "Winnicott no escribe explícitamente acerca de metapsicología, pero se infieren de su lectura abundantes conceptos metapsicológicos: el pensamiento paradojal, la agresión no intencional, la regresión a la dependencia, las fallas del analista como oportunidad, la actitud profesional vs. la neutralidad, lo informe, el concepto de uso y el uso de la interpretación, la necesidad, el Self, las potencialidades innatas, los tres tipos de objeto (subjetivo, transicional, objetivo)la función materna (holding, handling, presentación del objeto), la preocupación maternal primaria, al bisexualidad primaria, la continuidad existencial, Self verdadero/falso, los tres espacios (interno, transicional, externo), la preocupación por el otro, la clasificación psicopatológica, la transicionalidad en el tratamiento, el concepto de salud, la analizabilidad, el tratamiento como posibilitador de ediciones".

(fuerzas, polos, tensiones, compensaciones) con los que describe el funcionamiento metapsicológico del Self.

c) La base empírica de la práctica clínica de cada autor es diferente: Winnicott abre su consulta y su investigación a borderlines, psicóticos, niños, familias, parejas madre-bebé, mientras Kohut teoriza a partir de su experiencia con pacientes con patología cercana a la neurosis, afectados de trastornos narcisistas (que implica un Self nuclear ya establecido).
d) Los Esquemas referenciales teóricos de los que parten: Kohut lo hace desde Freud, Hartmann, Kris, Lowenstein; Winnicott, desde Freud, Klein, Ferenczi, Balint, Fairbairn, Bowlby.
e) Respecto a la concepción de narcisismo y sus destinos:

   Para Kohut, el narcisismo (objetal primario) persistirá toda la vida y, si no queda detenido en su desarrollo –estancado en la patología–, se transformará, como ya comentáramos, en humor, sabiduría, empatía y noción de la propia finitud de la vida.

Este autor hizo una irremplazable descripción de trasferencias clínicamente reconocibles en pacientes con trastornos narcisistas, a las que llamó, en un primer momento trasferencias narcisistas y más adelante transferencias "objeto del Self", que son resultantes de necesidades específicas tempranas. Estas transferencias son la consecuencia clínica de la evolución de dos etapas, que involucran la aceptación y el reconocimiento del medio (y que en la clínica aparecerán como transferencias reflejantes) y la necesidad de poder acceder a objetos ideales con los que fusionarse (las encontraremos como transferencias idealizadas en el curso de un tratamiento).

A ambas necesidades corresponden sendos objetos del Self (reflejante e idealizado, que son experimentados por el sujeto, como partes de su propio Self).

Para Winnicott, el narcisismo (que siempre es objetal), parte de la dependencia absoluta del objeto maternante en los inicios de la vida, debiendo recorrer el camino hacia la independencia y hacia la capacidad de estar solo. En su trayecto, y según la interacción con su medio ambiente, el sujeto podrá construir un Self falso, que adquirirá la forma de alguna de las estructuras psicopatológicas clásicamente descriptas (borderline, esquizoide o caracteropática).[27]

f) Respecto a las características del Self:

   Para Kohut el Self desarrollado en plenitud, a partir de experiencias satisfactorias con objetos del Self, será cohesivo, vital y armónico.

   Winnicott trabajará sobre la diferencia del Self entre verdadero (propio, real, verdadero) y falso (adaptado, extraño, impersonal).

g) Función de los objetos del ambiente:

   Para Kohut, los imprescindibles objetos del ambiente reflejan, posibilitan idealizar y aportan pares del sujeto.

   Winnicott describe un ambiente (en la figura de la funcional madre medioambiente) que es también absolutamente necesario para la constitución y la sobrevivencia psíquica, y que sostiene, manipula y presenta a los objetos.

   Se ocupará de tres objetos: subjetivo (como lo creado, ilusionado, por tanto, real para el sujeto); transicional (como la primera posesión no yo), y del objetivo (como lo consensuado).

h) Características de la angustia (referida al Self): Kohut se ocupa de la angustia de desintegración del Self. Winnicott de las angustias inconcebibles (agonías impensables) relacionadas con el temor al derrumbe.

j) Ante la falla continuada de los objetos necesitados:

   A partir de fallas ambientales, Kohut describe un Self constituido deficitariamente y a un polo compensando la falla del otro. Winnicott apela a la expresión "congelamiento" de situaciones traumáticas, cuando el medio no permite el desarrollo. Uno de los resultados patológicos, es la creación de un falso Self defensivo.

k) Analizabilidad:

   Para Kohut son analizables los pacientes que sufren trastornos

---

27 Ver el excelente libro de Smalisnky, Ripesi y Merle (2009).

narcisistas y neurosis, no así aquellos que sufren patologías más graves. Para Winnicott resultan analizables las patologías graves (esquizoides, borderlines), aunque para las psicosis apela a la técnica que denomina conducción, como tratamiento.

He planteado algunos enfoques comunes y también diferencias entre dos autores que comparten una misma perspectiva. Profundizar nuestro conocimiento de distintos esquemas referenciales teóricos nos permitirá, sin duda, intentar ir más lejos en los planteos de búsqueda de nuevos modelos más abarcativos, sin deformar las propuestas originales de cada autor. No sólo será de utilidad para evitar el reduccionismo dentro de nuestro campo, sino para establecer (como parece hacerlo necesario la clínica de los pacientes que hoy vemos, cada vez más complejos) lazos respetuosos y productivos con la psiquiatría, las neurociencias, con otras psicologías, con la lingüística, la antropología y la sociología, con las que es imperativo dialogar y enriquecernos. Quizá sea necesario que trabajemos en dos líneas paralelamente: por un lado, planteando claramente las convergencias y divergencias de las perspectivas psicoanalíticas, y por otro (y con el auxilio de otras disciplinas), en la búsqueda de un enfoque superador, más abarcativo, que no sólo nos posibilite comprender mejor a nuestro objeto de estudio (finalmente, nuestros pacientes y nuestras metapsicologías), sino que nos permita ubicar al psicoanálisis en un nivel de diálogo simétrico con otras ciencias.

WINNICOTT Y KOHUT

Diferencias	Kohut	Winnicott
Lenguaje y modelo.	Lenguaje "científico" construye una metapsicología (modelo del self).	Lenguaje "narrativo poético". No intenta construir metapsicología
La base empírica de su práctica clínica.	Trastornos narcisistas (pacientes con self nuclear establecido).	Borderlines, psicóticos, niños, familias, parejas madre-bebé.
Esquemas referenciales teóricos de partida	Freud, Hartmann, Kris, Lowenstein	Freud, Klein, Ferenczi, Balint.
Narcisismo	Objetal primario: se transformará en humor, sabiduría, finitud de la vida.	Objetal primario: Camino hacia la independencia y a la capacidad de estar solo.
Características del self	Cohesivo, vital, armónico.	Verdadero-falso (adaptado).
Funciones del ambiente.	Refleja, posibilita idealizar, aporta pares.	Sostiene, manipula, presenta objeto.
Objeto.	Reflejante, idealizado, semejante.	Subjetivo, transicional, objetivo.
Consecuencia de las fallas de los objetos necesitados	Déficit. La respuesta: un polo compensa la falla del otro	Trauma. Congelamiento de la situación. Generación de falso self defensivo.
Analizabilidad	Trastornos del narcisismo y neurosis.	Análisis de Borderlines, esquizoides y neurosis. En las psicosis: conducción

Capítulo 4

La salud en el pensamiento de D. Winnicott y de H. Kohut

El déficit y el conflicto

Donald Winnicott, su concepto de salud

Con la evolución del psicoanálisis, el concepto freudiano de salud (amar y trabajar) va dando paso a diversos nuevos criterios, en función de la perspectiva teórica desde la cual se sustenta el desarrollo evolutivo y la organización del psiquismo. Así, como para M. Klein la integración del mundo objetal y la elaboración de los duelos, la reparación del daño al objeto y la posterior gratitud son centrales para definir una vida saludable, Winnicott propone en diversos trabajos, especialmente en "El concepto de individuo sano" (1967), otros tópicos presentes en el goce de una salud plena, que trata exhaustivamente, como la capacidad para crear, el responsabilizarse de las faltas cometidas y el habitar su propio cuerpo con plenitud. Estas condiciones deberán ser evaluadas siempre en función del momento evolutivo del individuo y en su contexto social. Dice Winnicott en el artículo citado: "Espero no caer en el error de creer que se puede evaluar un individuo sin tener en cuenta el lugar que ocupa en la sociedad. La madurez individual implica un movimiento hacia la independencia, pero la independencia es cosa que no existe. Sería malsano para un individuo estar retraído hasta el extremo de sentirse independiente e invulnerable. ¡Si una persona como esta vive, es prueba de que la dependencia existe! Dependencia respecto de otro que cuida de ella o respecto de la familia."

La madurez a la que refiere Winnicott es la que corresponde a la evolución del individuo, más que a su edad cronológica, así lo señala: "Un desarrollo del yo o una conciencia de sí, no son más sanos cuando sobrevienen prematuramente, que cuando sufren de atraso".

"La tendencia a la maduración forma parte de lo heredado. El desarrollo depende, en particular al principio, de una aportación del medio circundante suficientemente bueno... es decir, que facilita las tendencias heredadas del individuo".

La creatividad comienza en los primeros momentos de la existencia, siempre que el objeto, dado por el medio aportador, esté allí, adaptándose al sujeto. Estará allí para ser creado por el sujeto. Entonces, el sujeto tendrá la vivencia (ilusoria) de haber creado al objeto. El objeto (real) será el anclaje para el desarrollo de la subjetividad creadora.

Es condición necesaria la presencia del objeto real, pero para que de él el sujeto haga su propio invento, lo cree en la intersección del objeto y su vivencia..

Pero aclaremos que especialmente alrededor de estas descripciones, el lenguaje de Winnicott es más complejo que su apariencia: cuando él nos habla de lo objetivo, no se refiere a lo real; tampoco lo alucinado es sinónimo de subjetivo.

A mi entender, Winnicott utiliza de una manera poco feliz el término "alucinación", de vieja raigambre psiquiátrica. En algunos párrafos de *Realidad y Juego* (1971) lo hace como un psiquiatra podría decirlo, cuando dice del Objeto Transicional: "[el OT] no viene de adentro; no es una alucinación". Mientras que en Exploraciones psicoanalíticas I (1964) expresa: "La madre posibilita al bebe tener la ilusión de que los objetos de la realidad externa pueden ser reales para él, vale decir puedan ser alucinaciones, ya que sólo a las alucinaciones [el bebé] las siente reales".

Lo original de esta última idea de alucinación es que eso que el sujeto creó en el objeto, resulta lo más personal, lo más subjetivo y propio, entonces la (a) percepción del objeto será real: la relación con el objeto, para que este sea significativo, debe ser la relación con una alucinación. Sólo si alucinó al objeto el sujeto tendrá la vivencia de su propia realidad.

Esta paradoja que Winnicott nos plantea, exige que nuestra postura no sea la de condenar ni interrogar respecto de si el objeto estaba allí o fue creado por quien necesitó hacerlo. La creatividad de la que Winnicott nos habla es aquella que define muy bien el poeta español Luis Rosales: "crear es ir a buscar lo necesario inexistente". Entonces, no se trata de una cuestión cognitiva (del "conocimiento de la realidad", ya que no pone en juego el sentido de la realidad) sino que se trata de percibir que la vida vale la pena ser vivida, porque... "Yo hago a mis objetos, y los hago creando sobre aquellos que existen".[28] Entonces, la vida valdrá la pena ser vivida, si es desde lo personal, desde lo que el mundo que yo creo significa para mí. Este concepto de "vida" se opone al de "no vida" equivalente al de "muerte en vida" de los pacientes esquizoides, de los obsesivos graves y de algunos borderlines "como si", y no al de la muerte como culminación de los procesos vitales. La creatividad resulta así opuesta al acatamiento, a la sumisión y también a la cosmovisión repetidamente paranoide que atrapa al sujeto en la repetición.

La creación es siempre relacional, se crea con otro, en un medio con otros. En un encuentro se establecen correspondencias, relaciones que hacen visibles nuevas construcciones. Entonces el proceso creativo subvierte el orden, se opone al poder y a la verdad revelada.

Koestler señala en Jano (1981) "La tragedia del hombre estriba no en un exceso de agresión sino en el exceso de devoción y lealtad a las viejas ideas justamente por la desconfianza a todo lo nuevo que movilice inseguridades".

Crear también es no poder ver el final, dejándose guiar por la intuición. Lograr una estructura abierta, inacabada, a pesar de la lucha por redondearla en las leyes de la lógica, resistiéndose al atractivo estético de cerrar lo que está percibiendo.

Decimos que estamos vivos si creamos. Crear implica necesariamente alejarse del punto de partida para llegar, si llegamos, a otro distinto diferente.

---

28 William Blake decía que "el tonto no ve el mismo árbol que el hombre sabio" ("ver" no se refiere a lo percibido sino a lo creado). El término Erlebnis (vivencia) que utilizan Dilthey y Husserl, se ajusta a nuestro concepto.

Queremos a nuestros padres y no por esto nos quedamos sometidos a ellos. Nos alejamos de ellos haciendo nuestro propio camino. Resulta así la paradoja de amar alejándonos.

No podemos decir hoy como lo hacía la iglesia medieval: "Roma ha hablado, la cuestión está terminada" o su equivalente relativo a los liderazgos individuales: *Magister dixit* como palabra suprema. Estas expresiones delinean un pensamiento basado en el poder dogmático, que es aliado del sometimiento y por ende el polo opuesto a la creatividad.

Rescatar una perspectiva (que no se pretende homogénea) como mirada de un autor debiera implicar el ejercicio de usar sus ideas sin congelarlas. Winnicott (1987) advierte de estas cuestiones dirigiéndose a M. Klein en una carta (n. 25): le dice a Klein: "Personalmente pienso que es muy importante que la obra suya sea reenuciada por personas que hagan los descubrimientos a su manera y que presenten lo que descubran en su propio lenguaje. Solo de este modo se mantendrá vivo el lenguaje. Si usted estipula que en el futuro sólo su propio lenguaje debe ser utilizado para la enunciación de los descubrimientos de otra gente, el lenguaje se convertirá en un lenguaje muerto[...] sus ideas solo perdurarán en tanto y en cuanto sean redescubiertas y reformuladas por personas originales...".

La creatividad del sujeto dependerá, digámoslo nuevamente, de la presencia del objeto, allí en donde este es encontrado.

La capacidad de la madre reside en estar en el lugar apropiado para posibilitar esa creatividad. Como ya señalamos, la madre se halla durante los últimos meses del embarazo y los primeros de la criatura, en un estado que Winnicott denomina Preocupación Maternal Primaria (un estado no patológico esquizoide de la madre adaptada a su bebé). Este estado va decreciendo en la medida en que "en el bebé crece la necesidad de experimentar reacciones a la frustración". La idea de trauma, que veremos en detalle más adelante, deviene de la ruptura de la continuidad de la existencia experimentada por el bebé debido a una falla en la adaptación del medio a sus necesidades básicas, y una de sus necesidades es la de crear al objeto.

También Winnicott señala que la salud no es la ausencia de la enfermedad, y reiteramos una vez más, que la salud debe ser considerada siempre en relación con la madurez alcanzada, no sólo por la evolución libidinal, sino por la capacidad del Self de contener las experiencias instintivas y los afectos, y de ir diferenciando al sujeto del mundo externo.

El mantenimiento de un estado saludable no podrá ser forzado, ni derivar de las negaciones de la posibilidad de sentirse irreal, poseído, de sentir que no soy, de caer para siempre, de carecer de orientación, de sentirse separado del cuerpo, de no ser nada, de no estar en ninguna parte. Resultará de la superación evolutiva, posibilitado por un medio adecuado, de estos estados que podríamos entender como universales.

Salud, entonces, desde la concepción de Winnicott, abarca vivencias como la de sentirse vivo y real, experimentar continuidad en la propia existencia, vivir en el propio cuerpo.

Es interesante una característica que señala reiteradamente H. Guntrip (1975) acerca de quien fue su analista: Winnicott. Decía que él tenía "*insights* intuitivos".

Habitualmente, definimos a lo intuitivo como aquello que sin interpósita teoría, toma contacto con la situación psicológica. La intuición es un importante instrumento, pero requiere acoplarse a otros y conceptualizarse para tener un status transmisible.

Estimo que los insights de Winnicott no eran sólo intuitivos: en los casos a los que podemos acceder, podemos apreciar que sus interpretaciones derivan de una combinatoria de diferentes elementos que se articulan entre sí, estos son: 1- la teoría, 2- la transferencia, 3- la contratransferencia, y 4- la conducta del paciente y el conocimiento de su historia.

Finalmente, como plantea Geets, C. (1993) "las cuestiones ingenuas que plantea Winnicott no lo son más que en apariencia: sentirse vivo, tener sensación de ser real, percibir el mundo como real, o inversamente, sentirse ya muerto, experimentar en todo momento un sentimiento de vacío, de futilidad, temas que corresponden a la problemática de la muerte psíquica en las personas fronterizas, con quienes el analista hoy en día debe confrontarse".

En la clínica actual, la pérdida de salud frecuentemente lleva al paciente a comunicarnos que no se siente real ("como si todo fuese una película", "todo sucede lejos de mí") o que no se siente habitando su propio cuerpo ("me siento extraño, a veces no me reconozco", "no siento que sea yo quien está haciendo lo que hago"). Es frecuente que sueñen con caídas interminables, y que pasen por momentos en los que carecen de orientación, así como que se sientan confundidos, que "no están en ninguna parte". De esta manera el consultante nos comunica la extrañeza de sí mismo, a la que se agrega, con frecuencia, la disminución de su sensibilidad, así como la dificultad en expresar sentimientos (alexitimia).

Las consecuencias de estas manifestaciones sobre la autoestima son notables. Cuando el paciente va ganando salud, durante un tratamiento, es muy evidente la recuperación de estas funciones y la repercusión afectiva concomitante (sensaciones de plenitud, de "ganas de vivir la vida").

Heinz Kohut, su concepto de salud

Planteábamos en el capítulo 2, que en la concepción de Kohut, si el desarrollo del infante humano no es interrumpido por sucesos traumáticos (básicamente, si el ambiente acompaña respondiendo a las necesidades del desarrollo) el Self resultará cohesivo, vital y armónico.

La cohesión resultará de la ausencia de disociaciones estructurales (su opuesto es la fragmentación del Self) mientras que la vitalidad será la fuerza que permitirá la prosecución de objetivos y de ideales, soportando o sorteando las dificultades del camino, o si estas son imposibles de salvar, permitirá poder esperar a reiniciar la búsqueda en el momento oportuno, sin que ello implique la pérdida de los impulsos creativos que llevarían al sujeto a la indiferencia o a la depresión.

La armonía entre los polos que configuran el Self y que abarcan diferentes aspectos de la persona resultará en el equilibrio, expresión de madurez.

La salud desde la perspectiva kohutiana, será una consecuencia de una atmósfera constituida por objetos del Self, que puedan responder con su presencia, atenta escucha, silenciosa serenidad, callado espejamiento y que tengan la posibilidad de fallar adecuadamente, es decir, ir cesando en su función en el momento en que el sujeto se encuentre en condiciones de poder responder a esas fallas con la internalización trasmutadora (introyectando la función del objeto).

La noción que un individuo tiene de su propio Self resulta, desde esta perspectiva, de una experiencia cotidiana: la vivencia del existir integrado, sintiéndose real, agente de acciones, con capacidad de sentir, de tener intenciones, de construir planes, de poder expresarse a través de un lenguaje, de compartir experiencias personales.

La salud requiere también de la experiencia de intimidad. Kohut desarrolla estos conceptos, tan valiosos para nuestra clínica contemporánea, en su segundo libro ("La restauración del si mismo", capítulo III, subtítulo "El hijo del psicoanalista") en el que describe a pacientes adultos experimentando la sensación de no ser reales, y teniendo necesidad de apegarse a figuras poderosas para poder sentirse vivos. Ellos, en su historia, habían estado expuestos a padres que sin haber sido fríos ni rechazantes, resultaron intrusivos, a través de suministrarles, desde muy pequeños, "interpretaciones" acerca de aquello que los niños, hoy adolescentes o adultos, pensaban, deseaban y sentían. Como resultado, estos pacientes tuvieron dificultades en la consolidación del Self y adoptaron, defensivamente, una vida secreta y aislada para impedir la intromisión de sus padres.

Recordemos que para Kohut el desarrollo psíquico humano no tiene un punto final. No finaliza, como en el esquema referencial freudiano en un "aparato" que procesa las pulsiones.

Kohut, como ya lo señalamos en el capítulo 2, combate contra el prejuicio que propone "al narcisismo como primitivo, y a la relación de objeto como más evolucionada", por lo cual la curación dependería de la transformación del narcisismo en libido objetal para el logro de la madurez.

Destaquemos también que como alternativa al pensamiento freudiano, postula dos líneas de desarrollo independientes, no jerárquicas, la del narcisismo y la instintivo-objetal.

El narcisismo entonces, es pasible de ir transformándose en un aspecto saludable, aclarando que no considera al narcisismo según el tipo de objeto o la carga que se establece sobre él, sino por la modalidad del vínculo. Esta modalidad vincular que en los comienzos de la evolución considera al objeto parte del Self (objeto del Self) se irá enriqueciendo y transformando. Y esta relación narcisista con los objetos es parte fundamental de todo compromiso vincular, transformándose, decíamos, hasta llegar a generar empatía (ponerse en lugar de otro y así comprender) sabiduría, sentido del humor y aceptación de la finitud de la vida.

El Déficit y el Conflicto

Al hablar de déficit (y si lo pensamos especialmente, desde la segunda tópica freudiana) seguramente tendremos presentes las fallas en la estructuración y consolidación de las tres instancias, Yo, Superyó, e Ideal del yo, como formaciones maduras. El Yo, débil, acude más a la disociación que a la represión, y es característica su baja tolerancia a la frustración, y los trastornos en la percepción y en la autopercepción, así como la poca contención de los impulsos y la tendencia a desarrollar más la vida en la fantasía.

El Superyó oscila entre la punición severa y su inacción, por lo que sus intervenciones resultan impredecibles. El aspecto del Ideal (los ideales postulados por el Super Yo) es también pobre y los valores que sustenta resultan frágiles, por lo que es frecuente la tendencia a la idealización apresurada y a la rápida desilusión. Por ende los trastornos de la autoestima, son frecuentes.

Estas fallas son producidas por trastornos preedípicos (en el vínculo con objetos tempranos) concepción que implica un modelo genético-evolutivo similar al que Freud (1926) enuncia en Inhibición, Síntoma y Angustia, basado en el concepto de línea de desarrollo de Ferenczi, donde postula los peligros de desvalimiento psíquico correspondientes a cada período de inmadurez del psiquismo: el trauma de nacimiento y la pérdida del objeto necesitado al inicio de la vida, el peligro de castración en la fase fálica y luego, más avanzado el desarrollo, la angustia frente a un Superyó al período de latencia. Estos peligros, reconocen para Freud una característica común: pérdida o separación, con progresivo aumento de tensión, pero a la vez, la imposibilidad de dominarla, características del estado de desamparo.[29]

Plantean Laplanche y Pontalis en el *Diccionario de Psicoanálisis*, que "el desamparo (*Hilflosigkeit*) adquiere un significado específico en la teoría freudiana: es el estado en que el lactante, dependiendo totalmente de otra persona para la satisfacción de sus necesidades (sed, hambre) se halla impotente para realizar la acción específica adecuada para poner fin a la tensión de necesidad. Para el adulto el desamparo constituye el prototipo de la situación generadora de angustia" (prototipo de la situación traumática).

Déficit, decíamos desde la clínica freudiana, implica fallas estructurales. Visto desde los autores que consideran al desarrollo del Self como su preocupación central, el concepto de déficit significará un Self deficiente en su estructura. En estas concepciones, el Self se asemeja a un calidoscopio configurado por múltiples escisiones y sus consecuencias clínicas son:

Difusión de identidad
Falta de constancia objetal
Trastornos en la autoestima
Trastornos en la regulación de la ansiedad

Y especialmente en los esquizoides: la disminución de la vitalidad y del reconocimiento del deseo.

Los pacientes deficitarios son clínicamente heterogéneos. No podríamos hacer una caracterización semiológica de ellos, pero muchos nos impresionan en nuestra consulta como autómatas o muertos en vida, especialmente en los períodos en que no se encuentran envueltos en ninguna "acción". La problemática característica de su relación objetal suele ser bipersonal y no triangular. Y si se encuen-

29 Señala Freud (1926) que "la prematuridad del ser humano hace que la influencia del mundo exterior sea más intensa, incrementándose enormemente el valor del único objeto capaz de proteger contra estos peligros [...] se crearán así las primeras situaciones de peligro y la necesidad de ser amado que ya nunca abandonará al hombre".

tran con una situación de duelo, se fragmentan o se derrumban.

Suelen expresarse con una monotonía discursiva y producir irritación o aburrimiento, cuando no son víctima de arrebatos pasionales temporarios. Lo predominante, es la angustia de fragmentación, de dejar de ser, de desaparecer, sin previa señal.

El déficit se expresa clínicamente con las vivencias de vacío y de irrealidad; también como una sensación permanente, de variable intensidad, de temor al derrumbe, de peligro de fragmentación, frente a las que se ponen en juego una serie de mecanismos conducentes al sobrevivir.

La sexualidad pasa a ser secundaria, a veces utilizada defensivamente, por ello Joyce McDougall (1980) dice que en ellos "Narciso desempeña un papel más importante que el Edipo; la supervivencia ocupa un lugar más fundamental que el conflicto edípico, hasta el punto que para algunos la problemática del deseo incluso puede aparecer como un lujo."

La supervivencia a la que se refiere McDougall corresponde al intento de satisfacer necesidades del Self.

La tabla basada en el citado artículo de Killigmo, modificada de Aguilar, J. R. (2000) intentará una síntesis de lo que hemos enunciado:

CARACTERISTICAS	CONFLICTO	DEFICIT
ORIGEN	Intersistémico	Intersubjetivo (Déficit estructural: falta constancia objetal, difusión de identidad, Yo débil, desvitalización del deseo, baja autoestima)
MOTIVACIÓN	Conflictos estructurales (entre instancias, identificaciones, objetos internos)	Falla el medio en la satisfacción de necesidades por maltrato, abuso, ausencia. Traumas, identificaciones patológicas.
MECANISMO BÁSICO	Represión	Disociación
INDIVIDUACION	Hay diferenciación Self/objeto	Escasa diferenciación Self/objeto
TIPO DE ANGUSTIA	Angustia de castración	Angustia de derrumbe (por fragmentación del Self)
TRATAMIENTO: TIPO DE INTERVENCIÓN PREDOMINANTE	Interpretación de la reedición transferencial por vía del levare (revelar contenidos ocultos).	Intervenciones afirmativas: dar sentido, comprender, vía del creare[30]. Necesitan editar la experiencia.

Intentaré enumerar las necesidades del Self (enfatizando nuevamente que deben ser resueltas para posibilitar el desarrollo psíquico):

- Ser sostenido, reflejado, comprendido.
- Poder idealizar a un objeto y fusionarse con confianza y constancia para participar así de sus capacidades (tolerar y modular sus emociones).
- Sentirse igual o semejante a otros humanos. El déficit originado en alguno de estos vínculos generará alguna de estas tres transferencias: especular/idealizada/gemelar (nomenclatura de Kohut).

30 Vía del creare: ver los párrafos finales del cap. 9.

Winnicott plantea como necesidad básica del bebé el ser adivinado por su madre. A partir de la transicionalidad, predominará la necesidad de ser respetado en su intimidad.

Quizás muchas otras necesidades son las que nos falta describir. Digamos nuevamente que la satisfacción de ellas son tan elementales como las constantes medioambientales que permiten el desarrollo de un ser vivo y habitualmente en nuestros tratamientos, se resuelven o se mitigan gracias al encuadre y a la actitud analítica en la tarea que desarrollamos con el paciente, siendo importantes desde nuestra presencia hasta los aspectos fonológicos del habla (tono, timbre, ritmo de nuestras intervenciones).

Los pasos evolutivos de las necesidades no se pueden saltar ni remplazar y representarán hitos intersubjetivos en cada etapa de la vida. El bebé y el niño dependerán para su desarrollo de la calidad de compañía, del reflejo; finalmente de la complementariedad de los objetos más tempranos.

No habrá frustración de las necesidades (concepto que reservamos para las pulsiones en conflicto) ellas podrán satisfacerse o congelarse hasta una próxima oportunidad, cuando el medio posibilite su desarrollo.

Como vemos, la problemática en juego en la patología es previa a aquella edípica (libidinal o agresiva). Se plantean necesidades de diferente índole: en Winnicott la necesidad de mantener la continuidad de la existencia (aquello que interrumpe, que marca una efracción en el *going on being*, es llamado trauma), en Mahler y colaboradores, de fusión simbiótica, mientras que Kohut señalará aquellas que si se satisfacen, permitirán afirmar el sentimiento básico del Self[31]

Si el Self ha sido dañado –desamparado– por presencia objetal

---

31 Winnicott destaca en muchas oportunidades que las angustias de tipo psicótico tiene que ver con las fallas en la satisfacción de necesidades básicas, por ej. en *El gesto espontáneo* (1990), p. 248: "Las necesidades nada tiene que ver con los instintos..."; las fallas a este nivel dan origen a "desintegración, despersonalización, aniquilación, vivencia de caer para siempre, falta de contacto con los objetos no-yo". Relacionémoslo con el desamparo freudiano.

intrusiva o ausencia de los objetos necesitados, en un momento en que es incapaz de representar causas y efectos y cuando aun no es un "centro independiente de iniciativas", las consecuencias serán estados de confusión, sentimientos de vergüenza y culpa difusos que fragmentarán al Self. Entonces las defensas estarán dirigidas a evitar esa fragmentación, traduciéndose todo este movimiento en la clínica de la despersonalización.

Estas estructuras deficitarias suelen estar acompañadas y combinadas, con aspectos derivados del conflicto psíquico, pero las estructuras deficitarias (que lograremos ir identificando en la medida en que avancemos en el tratamiento) nos llevan siempre a plantearnos hipótesis respecto a aquello que ha motivado esta organización psíquica.

Hemos señalado que Fairbairn (1941) propone a la libido como buscadora de objetos y no de placer; a las zonas erógenas como canales mediadores, y a las fases libidinales como "técnicas del Yo" para regular las relaciones con los objetos, fundando las bases para una concepción que podemos denominar del "impulso primario" (búsqueda de objetos, como motor central del psiquismo), divergente de aquella de "impulsos secundarios" sostenida por Freud: la sexualidad cabalgando sobre los instintos (anaclisis).

Si consideramos el concepto de libido desde la perspectiva enunciada por Fairbairn (libido como buscadora de objetos y no necesariamente de placer) y lo enlazamos con lo postulado por otros autores (aquellos que presentan al Self como centro psicológico del individuo) podemos entender que lo que quedaba fuera del campo del psicoanálisis de las neurosis no era sólo lo corporal, lo orgánico, "la autoconservación", sino todo un mundo vincular temprano que no encontraba lugar en la metapsicología clásica.

El paciente que especialmente hoy nos consulta lo hace con dudas sobre sí mismo, sobre su identidad, trae como síntoma un estado de depresión vacía y convive con sentimientos de futilidad, sinsentido, desesperanza, apatía y anestesia emocional, imponiéndose metas erráticas o compulsivas y necesitando contacto con otros, lo que habitualmente lo lleva a ser promiscuo o indiscriminado en su sexualidad.

Podemos postular que en algunas conductas complejas, manifiestamente sexuales, como actuaciones "perversas", en el *acting* sexual del *borderline*, o en la sexualidad compulsiva, el motor que activa estos despliegues es la necesidad (de un Self precario) de lograr cohesividad, integración o contacto (problemática esencialmente narcisística)[32] aunque vestida con ropajes edípicos.

Estos pacientes deficitarios, intentan hallar objetos que les otorguen los elementos primariamente buscados (sostén, reflejo, apego, constancia, calma, intimidad, etcétera). La prioridad en el trabajo del analista no será develar o descubrir sino el tratar de ayudar al Self a experimentar su existencia. No se trata de encontrar algo para poseerlo, sino de poder sentir que uno existe.

También, habitualmente se despersonalizan presentando:

1– Situaciones de extrañeza frente al propio cuerpo: Trastornos de ubicación (vivir fuera del cuerpo o desdoblados), de límites, tamaño, pertenencia (no reconocimiento de partes).

2– Sentimientos de irrealidad, vacío, futilidad, sinsentido: Sentirse "dentro de un sueño", autómata, robot, anestesiado, insensible. Acompañados de afectos depresivos sin autorreproches.

3– Alteraciones del sentimiento de evidencia: Fenómenos de *déjà-vu* y *jamais-vu*.

   Dudas de lo que se sabe, de lo que se ve, no convicción ante la evidencia.

4– Afectos que acompañan la vivencia: perplejidad, incertidumbre, "angustia".

   E intentan estas "técnicas" para dominar la despersonalización:

   - Autoestimulación: masturbación, tomar bebidas fuertes o comidas picantes, drogas, ejercicios violentos, deportes riesgosos, miedo o vértigo autoprovocado.

32 Utilizamos el término narcisismo en el sentido que Kohut lo define, como ya lo señalamos anteriormente, tomamos como parámetro la *calidad del vínculo objetal*. El vínculo narcisista con el objeto del Self lo torna imprescindible en la constitución, armonía y continuidad del Self. Es parte de ese Self, y su ausencia o alejamiento no deriva en duelo sino en colapso.

- Uso no habitual de la percepción: oler partes del propio cuerpo para reconocerse. Escuchar música para recomponerse. Tocarse como rito. Lastimarse, golpearse, clavarse las uñas.
- Ocultamiento: especialmente detrás de defensas paranoides.

Hoffmann, J. M. (1984) trabaja este tema muy exhaustivamente. Señala también que la despersonalización aguda, para las teorías del Self, tiene el valor de la angustia señal (Freud, 1926) para la teoría clásica.

Los fenómenos descriptos se observan en especial, en pacientes narcisistas (Trastorno Narcisista de la Personalidad de Kohut), esquizoides (Fairbairn, Winnicott), "fóbicos pregenitales" (Bouvet), depresivos, panicosos, duelos patológicos o agudos.

La despersonalización implica una amenaza a la integridad, a la continuidad en el tiempo, al sentimiento cohesivo del Self. La forma crónica indica fragmentación o desintegración instaladas, aunque dependerá del grado de extrañeza alcanzado. Hugo de Saint Victor, monje sajón del s. XII, lo expresa poéticamente: "Quien encuentre dulce su patria es un noble aprendiz; quien encuentre que todo suelo es como el nativo, es ya fuerte; pero perfecto es aquel para quien el mundo entero es un lugar extraño".

Los estados afectivos inherentes a la despersonalización son de difícil transmisión, en particular porque exigen una compleja metaforización no siempre al alcance del paciente.

Estos estados son captados por el analista a partir de su contratransferencia que desempeña un papel fundamental para la comprensión de pacientes complejos.

Algunos aspectos del encuadre y de la interpretación en estas patologías

Para aquellos pacientes –deficitarios– que necesitan del encuadre como una "acción específica", este resultará la forma por la cual el analista ejerce profesionalmente la provisión ambiental especializada, permitiéndole al paciente que usufructa de ella, desarrollar en la transferencia aspectos del Self que habían sido congelados en el trayecto de su evolución.

Recordemos el acápite del capítulo 2 en el que Winnicott (1955) alerta respecto a los estudios imprescindibles acerca de la adaptación, necesarios para proseguir desarrollando nuestra disciplina.

Hoy, muchos de nuestros pacientes requieren de un cuidadoso encuadre, capaz de para poder brindarles una metáfora, réplica o sustituto de los cuidados maternos, posibilitando así una novedosa edición: ellos nunca han experimentado, por ende no han hecho suyo, un encuadre para su vivir[33]. Necesitan de esta edición para poder continuar con su desarrollo. El encuadre deberá ser adecuado a cada paciente, para el desarrollo de esta forma de transferencia.

Sobre la relación encuadre/transferencia, comenta Puget, J. (1991): "No todo es transferible en cualquier encuadre, mientras que la teoría de la transferencia 'clásica' presupone que todo es transferible [...] no hay posibilidad de desplegar la transferencia porque el encuadre no es el adecuado".

De esta manera, Puget jerarquiza la ecuación encuadre-paciente. El resultado de la misma será aquel encuadre que, por posibilitar el despliegue transferencial, otorgue viabilidad al desarrollo del proceso psicoanalítico.[34]

---

33 No está de más aclarar que en el término encuadre (y si en el incluimos la actitud profesional) no permite reemplazar literalmente aquello que no fue. Recrea un vínculo (si todo va bien) crea una atmósfera única, original.

34 Hoy por hoy, por las características de la época, resulta excepcional la posibilidad de establecer un encuadre estable y continuo (establecer el encuadre como aún se sigue enseñando en muchos Institutos de psicoanálisis, como si desconociendo la realidad respecto a la forma de trabajo actual, se pudiera recrear ilusoriamente la manera de encuadrar de décadas pasadas).

La demanda de tratamiento crece gradualmente en todos los sectores sociales y se requiere más que nunca de una clara actitud analítica, que permita construir un espacio reflexivo en el tiempo y el espacio en que sea posible. Hoy atendemos pacientes cada 15 días, frecuentemente una vez a la semana, y excepcionalmente dos o más veces por semana; intercambiamos mails o practicamos el análisis telefónico. Además son extremadamente frecuentes los pedidos de cambios de horarios –la mayor parte a último momento- así

Respecto a la interpretación, destacaremos aquello que difiere en los pacientes que muestran déficits en su estructuración: mientras que nuestra tarea con los aspectos conflictivos nos dispone a ayudarlos a enfrentarse a sus impulsos develando los significados ocultos (*via del levare*), en la patología asentada en el déficit, intentaremos facilitar que el paciente experimente el sentido de sí mismo: "no se trata de encontrar algo sino de sentir que algo existe", señala Killigmo (1989). Este autor denomina "intervenciones afirmativas" (oponiéndolas a las "intervenciones interpretativas" adecuadas para los aspectos conflictivos) a las que intentan discernir las representaciones de sí mismo y del objeto, como también las difusas o distorsionadas percepciones de sí mismo y "permitir la internalización de las relaciones objetales que todavía no se ha alcanzado en la evolución previa". Intentamos permitirle al paciente percibir que lo que deviene propio de sí confirmando la validez de su experiencia.

Este tipo de intervención afirmativa adquiere diversa complejidad, e incluye habitualmente el contener y el sostener. Favoreceremos así el dar un significado a lo experimentado, con palabras y silencios. Intentan crear significado y no develar. Previamente a Killigmo, Meltzer (1975) se acerca a esta modalidad cuando plantea en su trabajo sobre identificación adhesiva la inexistencia de un objeto interno y la necesidad de crearlo. "No podemos cavar para rellenar un agujero", dice refiriéndose a la ineficacia en estos casos de la interpretación por vía del levare. Llamaremos a aquella transferencia originada en el déficit de estructuras "transferencia de necesidad".

En la formulación de esta modalidad de intervención es necesario aguzar al máximo nuestra empatía hacia sus afectos, pero siempre trabajar con un campo abierto de significaciones, de manera

---

como la ausencia del paciente por largos períodos.

Este, resumidamente, es el formato habitual de nuestros encuadres hoy ¿Esto implica que dejamos de ser analistas? Absurda pregunta, pensada desde una perspectiva que prioriza al encuadre en la definición del método. Qué pobres seríamos si pensáramos que el psicoanálisis que practicamos se define por los encuentros de 4 ó 3 veces por semanas o por el exclusivo uso del diván.

de no afirmar que el paciente "está triste" si lo notamos con ánimo depresivo, sino que le propongamos un "menú" de opciones para que sea la resonancia afectiva que en él resulte más sintónica y que él elija aquella palabra que más se acerca a la nominación de su estado afectivo (podremos plantearle diversos sinónimos: triste, caído, desganado etcétera). De igual modo si nos encontramos con sentimientos, no muy discriminados de enojo (ira, rabia, furia, enojo). Winnicott señala reiteradamente el derecho del bebé de ser adivinado por su madre –en estado de preocupación primaria– en sus estados afectivos. Será esta vez la disponibilidad afectiva del analista, metáfora de aquella relación temprana y seguramente fallida con la madre, quien pueda ir a su auxilio. Sería utópico atribuir al analista con disposición afectiva para la comprensión de los estados del paciente las cualidades maternas de preocupación primaria respecto a su bebé, pero la postura del analista no dejará de ser isomórfica con la madre preocupada por su bebé en las situaciones más tempranas: esto hace a la posición ética necesaria para poder trabajar en el campo de estas patologías.

Capítulo 5

Lo traumático después de Freud

Trauma, en una concepción que podríamos llamar clásica, implica "un acontecimiento en la vida del sujeto caracterizado por su intensidad, la incapacidad del sujeto de responder a él adecuadamente y el trastorno y los efectos patógenos duraderos que provoca en la organización psíquica. En términos económicos, el traumatismo se caracteriza por un aflujo de excitaciones excesivo, en relación con la tolerancia del sujeto y su capacidad de controlar y elaborar psíquicamente dichas excitaciones" (Laplanche y Pontalis, 1968).

Entre nosotros, Benyakar, M. (2003) define lo disruptivo como "todo evento o situación con la capacidad potencial de irrumpir en el psiquismo y producir reacciones que alteren su capacidad integradora y de elaboración".

Freud, inicialmente refiere el concepto de trauma especialmente a la cuestión económica ligada a la seducción (cantidad de excitaciones llegadas al psiquismo más allá de la tolerancia posible). Pero esta concepción se va modificando en su obra a medida que él avanza, intentando explicar lo que le resulta evidente en su clínica: así en los primeros años prepsicoanalíticos (1890-1897) la neurosis era atribuida a traumas tempranos, particulares en la historia del sujeto, ubicables en el tiempo y no necesariamente sexuales, tales como la pérdida de un ser querido, abandono, etcétera. Estos traumas habían sido adquiridos en una situación de debilidad psicológica (por ejemplo en estado hipnoide, como lo denominaba Breuer) y no podían ser "descargados" por abreacción, por lo que continuaban generando efectos patógenos.

Al adentrarse en el estudio de las histerias, Freud inevitablemente va limitando la génesis del trauma a un origen sexual y prepuberal: sucede un acontecimiento en la niñez (por ej. seducción por parte de un adulto) que no despierta reacción alguna, pero que con la eclosión de la sexualidad, en la pubertad, aparece retroactivamente reactivado (après-coup) con su correlato afectivo.

Con esta segunda concepción, lo endógeno (aquello que se requiere como aporte del sujeto para que el trauma resulte eficaz) adquiere una mayor presencia.

En esta etapa se va estableciendo claramente la concepción de la disposición por fijación de la libido (integrada por la constitución sexual modelada por acontecimientos infantiles) y su desencadenamiento por un factor accidental, traumático, que implica una frustración en la etiología de la neurosis.

Ya en pleno desarrollo de la metapsicología es la fantasía la que ocupa un lugar central. Ya no necesitaremos de un acontecimiento sucedido y eficaz para originar el trauma, sino que es el carácter de la vida fantasmática misma la que predispondrá a la adquisición de traumatismos.

En "Más allá del principio del placer", (Freud, 1920) recreando ideas de su Proyecto de Psicología (1950) concibe al organismo resguardado de las excitaciones externas por medio de una capa protectora que dejaría pasar sólo cantidades tolerables de excitación.

Estos últimos planteos de la concepción freudiana del trauma se amplían considerablemente con las nuevas ideas planteadas en Inhibición, Síntoma y Angustia (1926) respecto a la angustia señal, que como lo comentan Laplanche y Pontalis (op. citado) "Esta concepción lleva a establecer una especie de simetría entre el peligro externo y el interno: el Yo es atacado desde adentro, es decir por las excitaciones pulsionales, como lo es desde afuera". Describe aquí los riesgos que debe sortear el niño en su evolución, siguiendo la línea de desarrollo a partir de cada etapa de riesgo, como hemos enunciado en páginas anteriores. Son estos peligros –epigenéticos– que podrían resultar en situaciones traumáticas, a los que Freud sitúa en momentos específicos del desarrollo. Estos planteos son los que hará Ferenczi, S. (1933), resultando el trauma de una falta de respuesta adecuada del objeto ante una situación de desamparo (concepciones que luego serán la base de lo que podríamos denominar la "psicología del déficit", que estimo partiendo de los pioneros de la escuela húngara serán retomados luego por Winnicott y Kohut).

Quizá, las ideas más originales acerca del trauma son enunciadas por Ferenczi, aunque sus cimientos son esbozados por Freud, a partir de 1926, al plantear el desarrollo epigenético de la angustia. Como es habitual, una particular perspectiva abarca a más de un autor, quien puede resultar original o sintetizar ideas circulantes en su medio científico ("ideas de autor anónimo"). En este tema en particular, se generan múltiples "deudas", tales como las que Winnicott mantiene con el mencionado analista húngaro y posteriores autores, como Kohut, Mitchell, Orange, o Stolorow, con los dos primeros.

Mencionábamos a Ferenczi quien en 1933 destaca la importancia, ya en nuestros días indiscutida, de la violencia y del abuso sexual, en la etiología de patologías mentales. Estas propuestas quedaron de lado, desalojadas por la prioritaria acogida con que los analistas kleinianos recibieron el concepto de fantasía. En este momento de la historia del psicoanálisis, en las teorías en auge, se consideraba a la vida psíquica sólo en el campo de la fantasía, descuidando las circunstancias que rodeaban al sujeto. Como señalara Laplanche (1987), el abandono por parte de Freud de la teoría de la seducción lleva al endogenismo pulsional, sin considerar el papel que el medio ambiente ocupa en la estructuración íntima de la pulsión.

Las perspectivas mencionadas las podremos diferenciar claramente de aquellas otras que continuando a Abraham, proponen M. Klein y el movimiento kleiniano: para esta escuela la amenaza esencial deriva de fuentes internas y no de ausencias objetales o de fallas en los objetos primarios (para el pensamiento kleiniano, son las amenazas del instinto de muerte provenientes desde el propio psiquismo, las que originarán situaciones traumáticas).

Otros autores de la misma escuela inglesa, como J. Bowlby, relacionan el trauma con la imposibilidad de conseguir una relación adecuada de apego, situación que este autor halló frecuentemente en los niños privados de sus padres, víctimas de la Segunda Guerra Mundial.

Vale la pena tener en cuenta lo que plantea Valeros (2004): "Pero esta concepción un tanto simple, casi fisicalista del trauma del apego, fue conjugándose gradualmente con otro aspecto, más funcional del vínculo de apego: la calidad psicológica del vínculo. Bowlby fue reconociendo que la importancia del apego tiene a la vez que ver con la presencia y cercanía física de la figura de apego como con lo que él llamó la "sensibilidad" del vínculo de la madre hacia el niño. Por "sensibilidad" Bowlby entendía la capacidad de la madre de comprender, empatizar, los estados emocionales del hijo y responder en consecuencia.

Para Bowlby, este vínculo tan especial, incluye la disponibilidad física de la figura de apego y la calidad de la respuesta empática de la misma. Cualquier perturbación importante de esos dos factores predispone a una situación traumática en la concepción teórica del paradigma de la teoría que fundamenta. Hasta aquí hemos resumido un solo vértice de las ideas de Bowlby: la relación interpersonal del niño con la persona de la madre.

Ahora debemos ocuparnos del otro vértice del vínculo de apego: la internalización que el niño hace de las características del vínculo con su figura de apego, a la que Bowlby llama "el modelo operativo del vínculo de apego". Aquí Bowlby concibe el modelo intrapsíquico del vínculo con la madre, a la manera de la teoría de las relaciones objetales, pero con una diferencia que él quiso destacar: la discrepancia con la teoría de las relaciones objetales tiene que ver con las hipótesis sobre el origen y contenido de esos modelos de relación en el mundo interno. Para Bowlby, los modelos operativos del vínculo del apego son una representación fidedigna de las cualidades *reales* del vínculo de la madre y su niño.

Por otro lado Bowlby se encuentra en las antípodas de las teorías psicoanalíticas que sugieren que las fantasías sobre las relaciones objetales son el resultado de procesos endógenos intrapsíquicos, desvinculados de los sucesos de la relación con las figuras de apego reales.

Volviendo al concepto de trauma de este autor, destaquemos que él postulaba una interacción dinámica interdependiente entre el trauma externo, la calidad del apego en los modelos del mundo interno y de la disponibilidad de figuras de apego que puedan ayudar en la elaboración del trauma, en el momento en que se produce.

Del otro lado del océano nos encontramos con Kohut, creador de la Psicología del Self. Si dejamos de lado los conceptos previos a sus desarrollos originales acerca de la naturaleza de los vínculos narcisísticos y nos centramos en la relación del bebé en desarrollo, con sus objetos del Self, como hemos visto anteriormente, devendrá traumática la respuesta inadecuada del objeto (inadecuada por faltante o por excesiva) a las necesidades especulares e idealizadoras del Self en evolución, que se traducirán, de mantenerse las fallas, en defectuosas estructuras psíquicas. Estaremos lejos, entonces, de la frustración óptima, que implica una desilusión adecuada a la evolución, que lleva a la internalización transmutadora de las experiencias vividas con los objetos del Self.

Como lo señala Lancelle (1984), "el concepto de trauma es desarrollado por Kohut previamente a su teoría del narcisismo y la psicología del Self, pero las conclusiones acerca del trauma, son aplicadas luego a su concepción acerca del Self. Ya en 1963, junto con Seitz, describe al trauma como el factor clave del desarrollo de la psicopatología, que luego es ratificada en sus estudios acerca del narcisismo y la psicología y la psicopatología del Self. El trauma en la infancia es una situación emocional que la psique del niño no puede integrar al Preconsciente diferenciado, dado que la intensidad de la demanda es demasiado elevada, las estructuras son demasiado inmaduras o la psique es transitoriamente hipersensible en tal momento".

Kohut (1971) también nos habla de las frustraciones traumáticas: "Una frustración resulta traumática cuando la tolerancia de la psique infantil está excedida, o cuando las gratificaciones son intensas e impredecibles. En las frustraciones traumáticas, los estímulos infantiles y los recuerdos asociados están unidos en el inconsciente porque la ansiedad y la desesperación se asocian con ellas. Por eso no pueden ser influenciadas por nuevas experiencias; por lo tanto son incapaces de cambio alguno".

Kohut sostiene que las frustraciones de la niñez pueden ser útilmente manejadas en la situación terapéutica cuando se movilizan en esta dentro de magnitudes aceptables. La elaboración gradual de esas frustraciones posibilita la construcción de estructura psicológica.

Trauma, Self, Neutralidad

Ya en el marco del concepto de Self, la noción de trauma adquiere precisiones especiales. La formación del Self se lleva a cabo paulatinamente y está polarizada en torno de dos clases de experiencias estructurantes: las especulares y las idealizadas, como planteamos en páginas anteriores. De la interacción con objetos que dan respuestas apropiadas a esas necesidades (objetos del Self) se decantan el polo de las ambiciones y el de los ideales y metas que habrán de configurar la personalidad. A través de inevitables pero no traumáticas decepciones con dichos objetos, la relación Self-objeto del Self es sustituida por estructura psíquica a condición, precisamente, de que dichas decepciones sean no traumáticas.

En la psicología del Self se llama frustración óptima a la decepción no traumática. Hay que considerarlas como series o secuencias de hechos acaecidos en la experiencia con los objetos del Self los cuales, en términos relativos, fallan en sus respuestas. Estas fallas son asimilables por el Self, si no lo afectan en su cohesión. Entonces, lejos de producirse la represión o disociación de la experiencia de frustración, se origina un proceso de internalización en el que la relación con el "objeto" (del Self) se transforma en estructura psíquica que sustituye sus funciones. Ejemplo de ello es cómo la (hétero)estima del objeto que acepta y refleja, va dando lugar a la formación de la autoestima.

Los estados traumáticos crónicos son propios de los trastornos del Self (trastornos narcisistas de la personalidad y trastornos narcisistas de la conducta), ya que por la debilidad de las estructuras narcisistas, el Self está especialmente expuesto a sufrir fragmentaciones transitorias como consecuencia de todo tipo de decepción o falla del medio empático.

El trauma puede afectar los desarrollos del Self grandioso y de la imago parental idealizada, las dos estructuras primitivas del Self nuclear. Bajo el impacto de un trauma severo, ninguna de estas dos estructuras se integra en la personalidad, resultando ambas en la perpetuación continuada de las demandas provenientes de ellas. Estas configuraciones narcisísticas perturbadas como resultado del trauma, son relativamente estables y pueden ser revividas en la relación terapéutica mediante las experiencias transferenciales correspondientes a cada una de ellas. Kohut llama "transferencias narcisistas" (aunque en sus últimas publicaciones las denomina "transferencias con objetos del Self") a la reactivación clínica de dichas configuraciones. Él acuña el término transferencia especular al fenómeno clínico que lleva a la movilización del Self grandioso, mientras que el término transferencia idealizadora corresponde a la activación de la imago parental idealizada.

Aquello que resulta traumático en pacientes no neuróticos, lleva inevitablemente a plantear consideraciones acerca del concepto de neutralidad analítica, que no resulta un obstáculo en la atención de pacientes cuya patología deriva del complejo de Edipo.

Es frecuente que en nombre de una neutralidad analítica mal entendida, el analista permanece en silencio, sin respuesta ni explicación frente a los requerimientos o preguntas del paciente. La frialdad y la distancia emocional nunca son apropiadas ni neutrales y, especialmente en aquellos pacientes con sufrimientos tempranos, favorecen la repetición de experiencias traumáticas con objetos del Self de su infancia.

Laplanche y Pontalis (1971) son taxativos: "El analista debe ser neutral en cuanto a los valores religiosos, morales y sociales, es decir, no dirigir la cura en función de un ideal".

Por el contrario, neutralidad es proporcionar, por lo pronto, la respuesta humana promedio (Hartmann, 1970) que se espera de un semejante. Debemos, entonces, desechar la idea de "no participación". Es neutra la actitud de un analista que a partir de ponerse en los zapatos de su paciente, comprende que no debe despertar reacciones en él.

Hago mías las consideraciones de Renik, O. (2002):

> "El concepto de neutralidad analítica se ha convertido en una carga en la medida en que nos anima a perpetuar algunas ilusiones limitantes acerca del rol del analista en el proceso psicoanalítico. Por ello, propongo realizar una crítica del concepto de la neutralidad analítica en tres aspectos:
> 1) En cuanto no tiene en consideración el modo en que tiene lugar el aprendizaje en el análisis y, por tanto, no describe la relación óptima que ha de existir entre los juicios del analista y los conflictos del paciente.
> 2) Porque sugiere una visión mal informada del rol de las emociones del analista en la técnica psicoanalítica.
> 3) Y por último, porque es expresión de una concepción errónea de la técnica analítica y por tanto contribuye a confundir qué es lo que disuade al analista de explotar al paciente."
>
> "Por muy diligente que sea el analista en sus esfuerzos auto-analíticos, sus observaciones, formulaciones e intervenciones estarán siempre influidas por factores personales que se encuentran al margen de la conciencia. Un analista es irremisiblemente subjetivo en el contexto clínico y la forma de mitigar la influencia restrictiva de esta condición subjetiva es establecer principios técnicos que la tengan en consideración (por ejemplo, admitiendo que el analista no puede conocer en todo momento, la forma y cuantía de la participación de su propia psicología en el trabajo analítico)".

Sigue señalando Renik: "Si malentendemos el concepto y frente a algunas cuestiones que nos plantea el paciente, podríamos permanecer en silencio, sin respuesta alguna, ignorándolo. Esta 'falta de consideración' y distancia excesivas, se oponen a la neutralidad, generando en el paciente reacciones que repiten el ciclo completo de experiencias traumáticas infantiles (ver como ejemplo esta secuencia: curiosidad del niño / falta de respuesta adecuada por parte de sus objetos tempranos, lo cual es vivido como una condena / reacción del niño / respuesta recriminatoria de la reacción / inhibición traumática de la curiosidad). Seguramente el malentendido de este concepto técnico, atentará contra las posibilidades comprensivas a través de un franco intercambio intersubjetivo. Podemos engañarnos si no estudiamos al psicoanálisis clínico como un proceso dialéctico entre dos participantes que no son neutrales".

Trauma y personalidad de los padres

Kohut (1977) afirma que aunque las desavenencias entre los padres crean terribles miedos, peor es el sufrimiento debido a las sutiles ausencias de ellos o cuidadores, cuando esto resulta de sus personalidades vacuas o de sus psicosis no manifiestas. El vacío del cuidador conduce al peor sufrimiento, mientras que la psicosis oculta del cuidador que ignora la realidad de la existencia del niño y lo trata como una cosa o una extensión de sí mismo, crea un entorno psicológico "anaeróbico". Estos niños no pueden descubrir lo que está bien o mal, porque ellos asumen que el medio en el que crecieron es normal. Estos niños se sienten profundamente culpables de desear lo que sus cuidadores no les pueden dar.

Algunos traumas clásicamente descriptos como la contemplación de la escena primaria deben ser considerados patógenos, no por la contemplación indebida, sino como indicios del descuido o la indiferencia parentales que denotan.

S. Ferenczi se ha referido en múltiples ocasiones a las situaciones traumáticas en relación a la personalidad de los padres, así escribe en 1929: "Es importante darse cuenta hasta qué punto son sensibles los niños pero los padres no lo creen [...] y se conducen en su presencia como si los niños no sintieran nada ante las escenas a las que asisten".

Las consideraciones de Winnicott en este tópico, están relacionadas con sus ideas acerca de la "línea de desarrollo" de la dependencia del niño con sus objetos ambientales iniciales. Si las fallas ambientales (durante la trayectoria que parte de la dependencia absoluta del objeto maternante hacia la relativa independencia) resultan groseras y continuadas –por ausencia, intrusión o abuso– devendrán en interrupción del desarrollo, provocando una ruptura de la continuidad existencial (y llevando, como una consecuencia posible, a la adaptación mental forzada, origen del ser falso). Si estas fallas, potencialmente traumáticas, ocurren durante los momentos más tempranos de la constitución del sujeto no serán registradas como experiencia, sino que permanecerán "catalogadas" o "congeladas", a la espera de un encuentro que haga posible su aparición y edición. Estas detenciones del desarrollo podrán ser vivamente experimentadas sólo en situaciones vinculares específicas por la creación de un ambiente (el análisis puede ser una situación ambiental privilegiada, ¡siempre y cuando la actitud del analista lo haga posible!), en el cual el paciente traumatizado en su temprana infancia, tenga la convicción que lo que ahora lo rodea, es resultado de su propia proyección (a partir del ejercicio, esta vez posible, de la omnipotencia abortada de los momentos de dependencia absoluta).

¿Cómo se expresan estos traumas tempranos en la estructura psíquica y en la transferencia? Los fenómenos hoy tan frecuentes despersonalización y extrañamiento, componentes infaltables de innumerables cuadros –ataque de pánico, borderlines, comienzo de esquizofrenia, neurosis severas– resultarían, desde este punto de vista, actualizaciones de situaciones traumáticas tempranas (usualmente acompañadas de sensaciones, también adquiridas en los momentos iniciales de la vida: las de caer interminablemente, perder conexión con el cuerpo, desorientarse o despedazarse) originada en fallas del necesario aporte del medio, que Winnicott ha sintetizado, como ya señaláramos, en los conceptos de *holding, handling* y presentación del objeto, durante el inicio de la crianza del infante humano.

Respecto al aspecto transferencial, Winnicott (1965 a) expresa que: "El paciente tiene necesidad de recordar su locura original, pero ocurre que esta corresponde a una etapa muy temprana (anterior a la organización del yo) previa a los procesos intelectuales capaces de abstraer las experiencias catalogadas y presentarlas a la memoria consciente para su uso. La locura, sólo puede ser recordada reviviéndola [...] la finalidad del paciente es enloquecer dentro del encuadre analítico, que es lo más próximo al recordar". Y luego:

> "el derrumbe temido ya se produjo. Lo que se conoce como la enfermedad (actual) del paciente es un sistema de defensas organizado, en relación con ese derrumbe pasado".

El miedo al derrumbe tiene sus raíces en la *necesidad* de recordar la situación traumática original. Cuando este derrumbe se experimenta –por primera vez– podrá editarse, para, después, recordarse. "Por detrás de ese derrumbe siempre hay un fracaso [...] en la infancia o en la niñez más temprana" (Winnicott, 1960 b). Retomaremos estos conceptos más adelante.

Recordemos que cuando Winnicott (1962) se pregunta ¿qué es un bebé? no hace alusión a la dimensión pulsional, no considera al bebé como "alguien que tiene hambre y cuyo deseo puede ser satisfecho o frustrado" sino que destaca del bebé el hecho de ser "un ser inmaduro, al borde de una angustia inconcebible o inimaginable para nosotros". Esta particular angustia, impensable, refiere en el adulto a sensaciones de fragmentación, caída, pérdida de la relación con el cuerpo, carecer de orientación, estar aislado. La función materna es la que mantiene a raya esa angustia. Con la madurez el Yo va tomando el control, posibilitando que estos vivencias se secundaricen.

En el acápite de este libro decíamos que J. Rickman, le comenta a Winnicott: "La locura es la incapacidad de encontrar a alguien que nos aguante [...] para lo cual, entran en juego dos factores: el grado de enfermedad del paciente y la capacidad de tolerancia de los síntomas que manifieste el ambiente" (Winnicott, 1961). Y luego: "En el infante, la relajación significa no sentir la necesidad de integrarse, mientras se da por sentada la función del yo auxiliar de la madre" (Winnicott, 1962). Esta integración está estrechamente vinculada con la función ambiental de "sostén". Durante un tratamiento, el sostén está en directa relación al comportamiento del analista, representado, por el marco, por el encuadre, adaptado a la necesidad.

Pero ello se logrará, si el paciente confía en el comportamiento de su analista, dejando de lado sus defensas y si aquel acepta esta transferencia, de carácter fusional, que lo ubica como un objeto subjetivo. Sólo entonces, podrá recrearse la situación temprana traumáticamente interrumpida. Recordemos que tarde o temprano, e inevitablemente, el analista fallará. Esta falla, si todo va bien y a diferencia de la patógena, será contenida por el marco del análisis y por la actitud analítica y dará al paciente la oportunidad de (re) vivir el trauma original en un ambiente seguro, no retaliativo, no reactivo. Sólo allí se crearán las condiciones propicias para la edición de (nuevas) estructuras psíquicas, hasta entonces congeladas. (Nemirovsky, C., 1999, 2003).

Roussillon, R. (1991) llama prepsíquicos a los traumas aun no editados ya que no hay aún una representación psíquica de aquello traumático. El sujeto no estaba allí para representar, ya que el trauma es previo a su constitución. Quedará la ausencia, la falta, lo negativo. "Lo traumático, al no ser propiamente una experiencia, no se constituye como memoria, por lo tanto no puede ser recordado, ni olvidado". (Jordán, J. F., 2001)

Khan, M. (1963) discípulo de Winnicott propone el concepto de trauma acumulativo a partir de las fisuras en el rol de la madre como protección contra las excitaciones, a lo largo del curso total del desarrollo del niño. Fisuras, dice, "que se acumulan silenciosa e inevitablemente".

Muchos intersubjetivistas plantean que las situaciones traumáticas se generan por las tempranas fallidas interacciones entre el bebé y sus objetos necesitados (mala sintonía empática, explotación emocional) es decir, por falta de un contexto intersubjetivo modulador, contenedor. Las situaciones tempranas de potencial carácter traumático no lo son *per se*, sólo resultarán enfermantes si el medio no tiene capacidad de respuesta, por lo que no podrán transformarse en experiencia. Si el ambiente no provee lo necesario para validar el dolor de lo vivido a través del holding, la empatía y la asunción de la situación deficitaria del infans, el bebé carecerá de una adecuada regulación afectiva, y su Self incipiente caerá en la desorganización, la desintegración. (Shane and Shane, 1990)

No podemos dejar de mencionar los impactos de los acontecimientos actuales (terrorismo internacional, migraciones masivas) en nuestras sociedades. Laurent, E. (2006) sentencia: "Todos, menores o no, seremos cada vez más, hijos del trauma real", dado que hoy, afirma, "lo que no es programable, deviene trauma".

Capítulo 6

Trastornos narcisistas. Pacientes graves, psicóticos, borderlines

Narcisismo es un término que evoca múltiples significaciones en nuestra disciplina, tanto en las descripciones referidas a la evolución del psiquismo, como en la psicopatología y en la clínica, y como lo plantea Baranger, W. (1969a): "El concepto de narcisismo tiene, en la teorización psicoanalítica, una ubicación semejante a la del concepto de identificación: ambos llevaron a una reestructuración profunda de la teoría psicoanalítica". "El narcisismo –agrega– trastorna por completo la teoría de las pulsiones".

Veamos, en un simple listado enumerativo, las diferentes acepciones del término, deteniéndonos en aquellas que utilizan los autores que en este libro consideramos, en relación con la clínica de los pacientes graves:

I) *Narcisismo referido a la evolución del desarrollo psíquico.*

I.a) Etapa o fase del desarrollo, entre autoerotismo y amor objetal.

Etapa referida al tiempo de pasaje, pero también fase que reúne la dispersión autoerótica pregenital. Freud enuncia en 1914 al narcisismo como "nuevo acto psíquico", aludiendo a la reunión de la dispersión de las zonas autoeróticas, en una totalidad que comienza a reconocerse como única.

I.b) Elección narcisista de objeto: En la clínica lleva a la no diferenciación Yo-No Yo. A este tipo de elección narcisista se refiere Freud en Introducción del Narcisismo, en 1914.

Recordemos que narcisista era aquella elección que recaía en un objeto igual a sí mismo, como una parte de uno o relacionado con el ideal (lo que fui o quisiera ser). Desde la literatura hay numerosas alusiones a estas elecciones. Veamos por ejemplo la cita del escritor Gudbergur Bergsson en *La magia de la niñez*, Ed. Tusquets:

"Los poetas lo construyen todo sobre sus propias opiniones y sus propias experiencias, no conocen nada fuera de ellos mismo. Para ellos, las demás personas no son más que una conjetura".

I.c) Identificación narcisista (él es una parte de mí o yo una parte de él, mecanismos base de la identificación proyectiva que describe Melanie Klein, que borran las diferencias sujeto/objeto y lleva al universo de lo Uno)

I.d) Narcisismo como complemento libidinoso del egoísmo

II) *Narcisismo en la clínica*

II.a) Rasgos narcisistas (orgullo, soberbia)

II.b) Herida narcisista (relacionado con el amor propio, autoestima)

II.c) El Narcisismo de las pequeñas diferencias de la obra freudiana

II.d) Narcisismo como perversión (el cuerpo, o una parte, como objeto de amor homosexual)

II.e) Resistencias narcisistas que se registran durante el tratamiento.

Vale la pena recordar otros conceptos útiles para la construcción de una nueva psicopatología clínica:

- Narcisismo bueno y malo (patológico) o de vida y de muerte como lo enuncia A. Green (1986) que implica señalar un narcisismo "enamorado de la muerte", opuesto a la formación de estructura psíquica, contrario al narcisismo de vida (creador de vínculos que dará lugar a estructura psíquica).

- El "buen" narcisismo, en la definición de Joffe: "Estado ideal de bienestar fundamentalmente afectivo, que deriva del funcionamiento integrado y armónico de todas las estructuras biológicas y mentales".

- Narcisismo saludable implica una medida adecuada o conveniente de amor propio que varía en cada etapa de la vida y es máximo en la adolescencia. Este buen narcisismo implica correctas y realistas representaciones del Self.

- El mal narcisismo lleva al autocentrismo como defensa de vínculos objetales patológicos. Sin embargo en el medio psicoanalítico, el término "narcisista" aún se utiliza más del modo peyorativo, que para describir a alguien con adecuada autoestima.

Este listado precedente no agota la totalidad de usos del término[35], que como muchos vocablos clásicos ha sufrido diversos deslizamientos en cuanto a su significación (al igual que otros términos propios de nuestras conceptualizaciones, como transferencia, actuación, perversión, etcétera).

La clínica del narcisismo comprende un campo extremadamente extenso: desde el extremo del pensamiento fanático, que no da lugar a otro, hasta las afecciones de la autoestima, así como las fronteras con el semejante y la propia sensación de (i)realidad.

Los trastornos de despersonalización, desrealización y extrañamiento resultan productos de la caída de valores narcisistas que habitualmente mantienen en pie al propio sentimiento de identidad y que en crisis, llevan al sentimiento de vacío.

En capítulos anteriores decíamos que "El narcisismo es caracte-

35 Hemos dejado de lado la alusión a la "cultura narcisista" como sinónimo de posmodernidad (cultura "de la imagen") referida a la superficialidad y a la inconsistencia.

rizado por su particular modo de vivenciar al objeto como una parte de sí-mismo. Esta modalidad vincular está en directa relación con la aparición de trastornos de la autoestima (que no es, en la concepción kohutiana, un resultado del conflicto impulso/defensa)."

Es Kohut quien describe los Trastornos narcisistas de la personalidad y de la conducta, a partir de las particulares transferencias narcisistas que ve surgir en la clínica con sus pacientes deficitarios, Las transferencias narcisistas serán llamadas, en el tramo final de la obra de Kohut, "transferencias objeto del Self", definiendo a este objeto del Self, como aquel que está cargado narcisísticamente para el sujeto y con el que se vincula básicamente de tres maneras: especular, idealizada y alter ego. Estos vínculos son imprescindibles para la supervivencia y el desarrollo del niño, que requerirá ser reflejado, así como necesitará de una figura (un objeto del Self) a quien idealizar, y luego de un objeto que funcione como par con él (alter ego). Estos tres tipos de transferencias estarán presentes en el análisis, si ha habido déficits en la relación con los objetos del Self necesarios en cada etapa evolutiva del sujeto. Estos déficits, si se hallan presentes en la personalidad del paciente, implican una detención del desarrollo. Este desarrollo podrá retomar su dirección, con un nuevo empuje –como el nuevo comienzo de Balint– si el analista responde empáticamente, a la manera del objeto del Self que el paciente necesita como un puente para continuar su evolución".[36]

También destacamos que "las patologías narcisistas descriptas por Kohut son los Trastornos primarios del Self (psicosis, borderlines, adicciones,) y las Secundarias (Los Trastornos narcisistas de la personalidad y las neurosis)".[37]

Veamos los Trastornos narcisistas de la personalidad (TNP).

Estos trastornos despliegan una particular transferencia, y este es el signo más importante. Este tipo de transferencia se estable-

---

36 Un trabajo actual que muestra exhaustivamente el detención del desarrollo en la clínica lo encontramos en Borgogno, F. (2005)

37 Para Kohut las patologías primarias no son analizables. Este autor propone un abordaje psicoterapéutico de apoyo, pero no psicoanalítico, dado que, dice, no hay un núcleo psicológico central constituido.

ce gradual pero firmemente en la medida que el analista va respondiendo a ella con su empatía. Sin embargo Kohut, Kernberg y Gabbard han descrito diferentes personalidades narcisistas. El que describe Kernberg (1979) es el que toma el DSM IV en el grupo B del eje II[38].

38 DSM: La característica esencial del trastorno narcisista de la personalidad es un patrón general de grandiosidad, necesidad de admiración y falta de empatía que empieza al comienzo de la edad adulta y que se da en diversos contextos. Los sujetos que suelen ser varones, tienen un sentido grandioso de autoimportancia. Es habitual en ellos el sobrevalorar sus capacidades y exagerar sus conocimientos y cualidades, con lo que frecuentemente dan la impresión de ser jactanciosos y presuntuosos. Pueden asumir alegremente el que otros otorguen un valor exagerado a sus actos y sorprenderse cuando no reciben las alabanzas que esperan y que creen merecer. Los sujetos con trastorno narcisista de la personalidad creen que son superiores, especiales o únicos y esperan que los demás les reconozcan como tales. Piensan que sólo les pueden comprender o sólo pueden relacionarse con otras personas que son especiales o de alto status y atribuyen a aquellos con quienes tienen relación las cualidades de ser «únicos», «perfectos» o de tener «talento. Generalmente, los sujetos con este trastorno demandan una admiración excesiva. Su autoestima es casi siempre muy frágil. Pueden estar preocupados por si están haciendo las cosas suficientemente bien y por cómo son vistos por los demás. Esto suele manifestarse por una necesidad constante de atención y admiración. Esperan ser atendidos y están confundidos o furiosos si esto no sucede. Por ejemplo, pueden asumir que ellos no tienen por qué hacer cola y que sus prioridades son tan importantes que los demás deberían ser condescendientes con ellos, por lo que se irritan si los otros no les ayudan en su trabajo «que es tan importante». Esta pretenciosidad, combinada con la falta de sensibilidad para los deseos y necesidades de los demás, puede acarrear la explotación consciente o inconsciente del prójimo.

Generalmente, los sujetos con trastorno narcisista de la personalidad carecen de empatía y tienen dificultades para reconocer los deseos, las experiencias subjetivas y los sentimientos de los demás. Cuando se reconocen las necesidades, los deseos o los sentimientos de los demás, es probable que sean vistos con menosprecio como signos de debilidad o vulnerabilidad. Quienes se relacionan con sujetos con un trastorno narcisista de la personalidad es típico que lleguen a una frialdad emocional y una falta de interés recíproco. Estos sujetos suelen envidiar a los demás o creen que los demás les envidian a ellos. Pueden envidiar los éxitos y las propiedades ajenas, creyendo que ellos son más merecedores de aquellos logros, admiración o privilegios. Frecuentemente presentan actitudes snobs, desdeñosas o altivas.

Para Kohut los TNP se caracterizan por la sensación de fragilidad, de caída inminente que acompaña al sujeto en todo su desarrollo. Suele pasar inadvertido y rehuir ser el centro de atención. Es sensible, vergonzoso y se siente herido con facilidad.

Pareciera que, a grandes rasgos, los TNP se dividen en dos subtipos: *Vulnerable/Sensible* por un lado, y *Grandioso/Exhibicionista* por otro. Pero además los TNP que describe Kohut tienen un funcionamiento social aceptable y si resultan agresivos es a consecuencia de heridas narcisísticas. Se destaca la falta, el déficit de objeto que ha detenido el desarrollo. Los que comenta Kernberg resultan mucho más parecidos a los borderlines, arrogantes, agresivos, envidiosos, grandiosos. Para Kohut, la idealización en la transferencia es aceptada y resulta necesariamente un intento de construir la fase faltante del desarrollo. Para Kernberg la idealización es interpretada siempre como defensiva frente a sentimientos negativos (rabia, envidia, desprecio).

Estas postulaciones hacen posible relacionar el vínculo entre cultura y producción de psicopatología, la idea es que el sentido de que el sufrimiento del hombre a partir de la posguerra surge como una consecuencia del cambio histórico-social, debida cuenta del anonimato actual, de la falta de disponibilidad del otro y de las particularidades de los encuentros entre las personas.

Winnicott, siempre fue reacio a emplear el concepto de narcisismo. Dice en 1966 que "nunca me satisfizo el uso de la palabra 'narcisista' [...] pues el concepto íntegro de narcisismo excluye las enormes diferencias resultantes de la actitud general y la conducta de la madre". Concibe al narcisismo primario como el estado en que el individuo considera al ambiente como parte de su Self, correspondiendo al momento del vínculo subjetivo con el objeto.

Pacientes graves, psicóticos, borderlines

¿Cuándo consideramos grave a un paciente?

Para poder hacerlo, podríamos tomar alguno de los manuales psiquiátricos y describir síntomas de gravedad. Pero las diversas hipótesis psicoanalíticas en torno a la gravedad en la clínica enriquecen el debate, ya que surgen diversas perspectivas no siempre convergentes. Desde diversos esquemas referenciales, podemos considerar graves a diferentes pacientes:

- Quienes no distinguen recuerdo y transferencia (Freud).
- Aquellos severamente traumatizados de los que comenta tanto Masud Kahn[39], así como Herbert Rosenfeld (1979) y también de Joyce McDougall (1980).
- Quienes no han podido desarrollar un espacio transicional (Winnicott. 1971).
- Quienes viven sólo en transferencia objeto-del-Self (Kohut, 1977).
- Aquellos que no han logrado una representabilidad que los protege del terror, como los describen los Botella (1997).[40]

---

39 Masud Kahn (1973) considera parte del trauma los "sucesos psicofísicos de le etapa preverbal de la relación madre/hijo, cuando la madre falla como protectora de excitaciones, especialmente de su odio a la criatura".

40 C. y S. Botella han trabajado exhaustivamente el tema representacional. El psicoanálisis parte de la teoría de la representación que hace pendant con la teoría de la pulsión. La ausencia del objeto puede ser equivalente "al peligro de la pérdida de su representación, heredera de la satisfacción alucinatoria del deseo, sinónimo de desamparo". Se trataría de un inicio de funcionamiento psíquico con intereses contradictorios y no de un clásico conflicto. "El riesgo de pérdida de la representación (no del objeto) provoca un verdadero vacío con efecto implosivo: el niño despierta aterrorizado, con la mirada despavorida, llamando a sus padres [...] solo ha podido guardar sus investiduras de las representaciones objetales gracias [...] a la pesadilla: la amenaza fantasmática de la pesadilla, finalmente resulta una defensa que impide al Yo incipiente la pérdida de la representación, de la muerte psíquica.

Con pacientes "irrepresentados", el analista no interpreta una fantasía frente a una pérdida, sino que proporciona al yo inundado, una imagen para llenar el boquete abierto por el traumatismo, para restablecer su continuidad psíquica [...]".

Los cuentos forman un puente, entre el niño y el adulto que conduce la vivencia desorganizada hacia la representación.

Trauma implica carencia de representación (e intensa movilización con gran actividad alucinatoria nutriéndose del despliegue generado por la negatividad de la huella origina-

David Rosenfeld (2007) caracteriza a los pacientes con trastornos severos como "aquellos que pueden llegar a perder contacto con la realidad (episodios psicóticos transitorios muy comunes en la adolescencia) o pacientes muy perturbados, que también se incluyen en esta categoría, como drogadictos, bulimias, anorexias, trastornos psicosomáticos severos como colitis ulcerosa, trastornos de la piel y asma severa". "Dentro de esta clasificación de severamente perturbados hay que incluir momentos del tratamiento de un paciente donde se repite, o revive, o actúa con el psicoanalista estados emocionales muy primitivos o regresivos". Cuando esto ocurre dentro de la sesión, lo llamamos transferencia entre paciente y terapeuta de tipo primitiva o regresiva. También se lo denomina transferencia psicótica.

¿Con qué otras perspectivas en cuanto a la gravedad de un paciente nos encontramos?

Frente a esta pregunta, podemos seguir enumerando:

- Grave es quien no posee como herramienta psíquica un yo observador que posibilita la distancia del "como si".
- O el que necesita que el terapeuta se preocupe por él.
- O el que requiere de los otros como objetos para satisfacer las necesidades y no los deseos.
- También quien necesita una red sostenedora, demandando a los demás esta función.
- O el que necesita algo más que las palabras del terapeuta.
- O el que no maduró en el momento oportuno, y que por ende se aleja de la salud, resultando pseudo o sobreadaptado.

---

ria y restituyéndolo transformado, transfigurado en alucinatorio o en percepción). Para los autores, la neurosis traumática es, en si misma un modelo psicopatológico, opuesto al de la psiconeurosis, potencialmente siempre presente en el psiquismo. Merece el calificativo de traumático aquello que es inelaborable psíquicamente. Sin ser mera repetición de lo sufrido, el Yo participa activamente, tratando de convertir en psíquico (mentalizar) un excedente de energía, una negatividad que, citando a Winnicott "algo que todavía no ha sido experimentado por el sujeto ha tenido lugar ya en el pasado".

También los encontramos en la descripción de Killigmo (1989) acerca de los pacientes deficitarios. En ellos intentaremos facilitarles la experiencia del sentido de sí mismo o como lo señala el mismo autor "no se trata de encontrar algo sino de sentir que algo existe". Requieren intervenciones afirmativas de parte del analista para "permitir la internalización de las relaciones objetales que todavía no se ha alcanzado en la evolución previa" para confirmar la validez de la propia experiencia.

- También podríamos pensar al paciente grave como aquel que no se adapta a un encuadre preestablecido. Ya nos hemos referido al encuadre pensado para pacientes neuróticos. Si intentamos "adaptar" un paciente grave a un encuadre tradicional, sin tener en cuenta las particularidades de ese paciente, quizá lo haga extraordinariamente bien gracias a los aspectos falsos de su Self (cumpliendo obsesivamente con las premisas témporo espaciales, los honorarios, etcétera).

Algunos comentarios acerca de borderlines y psicóticos

No describiremos la clínica de los cuadros borderline o psicóticos, que van tomando forma a partir de la década del 40 y que hoy son fácilmente hallables en los libros de psiquiatría o en artículos psicoanalíticos, aunque el campo que abarca esta psicopatología se amplía día a día.

Recordaremos sólo algunas consideraciones respecto a los enfoques que son originales en algunos autores.

a) Kernberg (1975) destaca en el borderline la "forma estable y crónica de la estructura yoica (organización patológica específica) que implica una detención del desarrollo. Son sus características:

   - Ansiedad difusa, constante.
   - Neurosis polisintomática.
   - Inestabilidad objetal y gran dependencia con labilidad vincular e inconstancia.

- Afectos específicos: rabia, pánico y defensas yoicas primitivas frente a los mismos.
- Intolerancia a la frustración y otras expresiones de debilidad yoica: Ej. dificultad para sintetizar y para atender.
- Adaptación superficial a la realidad.
- Sexualidad polimorfa, a veces perversa (ejemplo sadomasoquismo).
- Personalidad múltiple en base a identificaciones superficiales.

b) Grinker, R. y otros (1968) mencionan 4 características básicas:

- Afecto de rabia o cólera.
- Dependencia y rigidez en las relaciones afectivas.
- Falta de identidad consistente (se perciben jugando un rol).
- Depresión vacía.

c) Paz, C. (1969): Algunas características señaladas por este autor son:

- Los borderlines no diferencian los impulsos de los afectos y de las sensaciones corporales.
- Confunden pasado y presente.
- No pueden posponer la descarga (tendencia a la impulsividad).
- No alucinan ni deliran pero tienen una perturbación del juicio.

d) A. Green (1975) plantea con acierto, que el borderline es un "estado límite [...] de analizabilidad", y señala que "el modelo implícito de los estados fronterizos nos remite a la contradicción formada por el par angustia de separación-angustia de intrusión". Describe en los pacientes fronterizos cuatro defensas extremas: la exclusión somática, la expulsión por el acto, la escisión y la desinvestidura.

e) Kohut, H. (1981) no los considera analizables [...] agregando que un paciente para un analista puede ser borderline y para otro no, dependiendo de la posiblidad de que se establezca o no un vínculo empático.

f) Otro aporte es el que habíamos mencionado de Winnicott en el sentido que para él un borderline es centralmente un psicótico que ha logrado defensas neuróticas.

Podemos entender a los casos borderline como deficitarios a partir del desamparo, provocado por fallas del desarrollo temprano, que han logrado establecer defensas neuróticas "protectoras".

La idea del borderline fue evolucionando con el tiempo y hoy en día lo encontramos conceptualizado –y tratado en consecuencia– como una patología más cercana a los trastornos afectivos que a la esquizofrenia.

Las frecuentes depresiones del borderline no son culposas sino vacías, llenas de aburrimiento y hastío y sólo matizadas por la rabia como sentimiento principal. Este sentimiento de rabia, que eclosiona como un exabrupto, permite la salida de esa angustia tan particular de desintegración que expresan como la vivencia tan insoportable de vacío.

Fiorini, H. (1999) refiere una original concepción relacionada con el fenómeno social actual. "Me parece que los fenómenos fronterizos (a diferencia de las categorías clásicas de neurosis, psicosis o perversiones, que implican como ciertos modelos o ciertas pautas previsibles) son caóticos, adoptan formas muy variables según cada individuo y en sus distintos momentos, con lo cual el fronterizo aparece mucho más complejo, en medio de una red de amplias interacciones". Y continúa: "Prigogine dice que cuanto más lejos del equilibrio está un objeto o un sistema, cuanto mayor es su desequilibrio, más influencia recibe de los elementos de su entorno. El paciente fronterizo, caracterizado justamente por estar lejos del equilibrio, es mucho más sensible a toda clase de variables [él] desafía las características de lo intrapsíquico".

Respecto de las psicosis Winnicott (1967) comenta que "La locura no es en general una regresión, pues la regresión implica un elemento de confianza; es más bien un muy elaborado acondicionamiento de defensas cuyo objeto consiste en prevenir la repetición de la desintegración". Estas ideas le permitirán valorar el *setting* propuesto por el psiquiatra, remedando un medio ambiente "sostenedor", específico para cada paciente, y a partir del cual se podrá recrear la esperanza, concepto emparentado a la salud.

En el artículo precitado, Winnicott propone a la enfermedad mental severa como resultado de una detención en el desarrollo. De manera que en aquellos pacientes especialmente graves deberá removerse lo que obstruye el desarrollo, de allí que "el ser humano individual crecerá como consecuencia de las fuerzas poderosas inherentes a sus tendencias heredadas" (1967).

En este sentido, puede ser muy útil a nuestros colegas, la taxonomía simple que Winnicott utiliza cuando plantea que hay dos categorías de pacientes:

a) aquellos que tuvieron cuidados suficientes y el sufrimiento actual es derivado de los clásicos conflictos. En ellos, los trastornos del desarrollo son *profundos*.

b) los que sufrieron un déficit en sus cuidados tempranos (falla precoz de la función madre suficientemente buena). Estos son pacientes con trastornos *tempranos* del desarrollo.

Decíamos que el borderline, para Winnicott (1954) conserva un núcleo psicótico, y es conveniente aclarar que psicosis implica, para este autor, que la adaptación ambiental falló durante las primeras etapas del desarrollo, adaptación ambiental que constituye el medio que sostiene al individuo y que este, al mismo tiempo, no lo reconoce como externo a él, simplemente, está fundido con él. Por esto, en la psicosis, el paciente rodeado de otro ambiente, puede hacer una recuperación espontánea, mientras que en la psiconeurosis el psicoanalista, dice Winnicott, es verdaderamente necesario. La psicosis, para él, se halla estrechamente relacionada con la salud. En aquella están congeladas innumerables situaciones de fracaso ambiental que, sin embargo, son alcanzadas y descongeladas por diversos fenómenos curativos de la vida corriente, a saber, amistades, cuidados durante la enfermedad física, etcétera.

Es así que para Winnicott, la enfermedad psicótica está relacionada con el fracaso ambiental en una fase precoz del desarrollo emocional del individuo. Los sentimientos de futilidad y de irrealidad son propios del desarrollo de un Self falso que se desarrolla como protección del Self verdadero.

Capítulo 7

Edición-reedición: reflexiones a partir de los aportes de D. W. Winnicott a la comprensión y tratamiento de las psicosis y otras patologías graves[41]

Sin duda somos muy pobres si
somos totalmente cuerdos

D. W. Winnicott (1945)

En este capítulo desarrollaré la idea de que sólo en un nuevo vínculo –reparador de aquel temprano con los objetos más significativos– podrán resolverse ciertos desarrollos sintomáticos que se generaron debido a una intensa y prolongada relación patológica en los inicios de la vida. Trataré en especial de mostrar que es a través del mecanismo que hemos llamado "edición" (Nemirovsky, 1989, 1990,1992) –que difiere de la clásica reedición transferencial– que se posibilita el registro de lo aun no vivenciado para su posterior integración en el Self.

Guiados por la concepción winnicottiana, entendemos que el desarrollo de un tratamiento que haga factible la recuperación de un cuadro grave, resultará de un encuentro con un objeto que posibilite la puesta en escena de necesidades tempranas insatisfechas que permanecieron congeladas a la espera de estos encuentros que facilitarán su despliegue.

41 Este capítulo es una versión del trabajo publicado en la Revista de Psicoanálisis Aperturas (www.aperturas.org) n. 3, noviembre, 1999.

Algunos comentarios acerca del diagnóstico de psicosis

En una definición abarcativa de psicosis, consensuada entre colegas con experiencia clínica en patologías graves, no podrán dejarse de lado, seguramente, características como desorganización severa de la personalidad, marcada regresión libidinal y yoica, o descripciones fenomenológicas como las de conductas bizarras, ideas delirantes, reacciones afectivas lábiles e intensas y, sin duda, una significativa perturbación en el contacto con la realidad. Alucinaciones, dificultades en el curso del pensamiento e hipocondría serían, también, rasgos prominentes. Por su parte, Kaplan, Sadock y Grebb (1994) seleccionan tres parámetros que resultan, a juicio de los autores, importantes para delimitar las psicosis: "Incapacidad para distinguir la realidad de la fantasía, evaluación de la realidad deteriorada y creación de una nueva realidad."

Si la mayor parte de los elementos que constituyen el diagnóstico sintetizado en estas definiciones se hacen presentes en quien nos consulta, no tendremos dudas respecto del cuadro que se trata. Además, si encontramos un racimo de estos síntomas es más que probable que la visita del paciente a nuestra consulta sea tardía y que hayan pasado ya algunos años desde el comienzo de su enfermedad –y también, quizá, más de una experiencia terapéutica desde la primera consulta–, de manera que la cristalización sintomática y los procesos de restitución han configurado un cuadro estereotipado con tal rigidez, que si varios colegas observaran al paciente, aunque desde distintas perspectivas teóricas, aceptarían un diagnóstico similar o apenas con pequeñas variantes.

Difícilmente, luego de años de cronicidad, podamos remover su enfermedad. El vínculo analítico enfrentará transferencias que generan distorsiones permanentes, determinando una visión estereotipada, que sólo permitirá dirigir los esfuerzos terapéuticos a la rehabilitación. Recordemos que Freud (1917-1919) se quejaba del hombre de los lobos, diciendo: "Ciertas peculiaridades personales, un carácter nacional ajeno al nuestro, volvieron trabajosa la empatía". Y sigue: "La divergencia entre la amable y solícita personalidad del paciente, su aguda inteligencia, sus nobles ideas, por un lado, y su vida pulsional enteramente indomeñada, por el otro, hizo necesario un prolongadísimo trabajo de preparación y educación que dificultó la visión panorámica".

Debemos admitir que son los pacientes que genéricamente podríamos llamar gravemente perturbados, los que requerirán de nosotros una actitud especialmente cuidadosa y prudente, neutral, en el sentido que hemos considerado anteriormente la neutralidad, con el fin de evitar promover resultados adversos.

Este particular cuidado en todas nuestras intervenciones resulta de la concepción que sostiene el maestro inglés que inspira los desarrollos que me propongo: "En el estudio del infante real ya no es posible no tomar en cuenta el ambiente. Por lo tanto, el término regresión tiene ahora una aplicación clínica en la regresión a la dependencia. Se trata de la tendencia al restablecimiento de la dependencia y en consecuencia el comportamiento del ambiente pasa a ser algo que no puede ignorarse cuando se usa la palabra regresión. Esta palabra sigue conteniendo la idea de regresión al proceso primario. Ahora la tendencia a la regresión es vista como parte de la capacidad del individuo para producir su autocuración. Representa una indicación del paciente al analista acerca de cómo debe comportarse este último, más bien que acerca de cómo debe interpretar al paciente. La psicosis ya no ha de atribuirse a una reacción a la angustia asociada al complejo de Edipo, ni a una regresión a un punto de fijación, ni se la vincula específicamente con una posición del proceso del desarrollo instintivo individual. En lugar de ello puede postularse que la tendencia regresiva de un caso psicótico es parte de la comunicación del individuo enfermo, comunicación que el analista puede comprender del mismo modo que entiende como comunicación el síntoma histérico. La regresión representa la esperanza del individuo psicótico de que puedan revivirse ciertos aspectos del ambiente que originalmente fallaron, pero revivirlos de un modo tal que en lugar de fallar en su función de desarrollar y madurar la tendencia heredada, esa vez tenga éxito." (Winnicott, 1959).

Aun a riesgo de ser redundantes, recordemos nuevamente que Winnicott (1971) se refiere a los borderlines como poseyendo un núcleo psicótico central y rígidas defensas, de manera que también estos pacientes presentan problemas psicopatológicos y terapéuticos cercanos a los psicóticos; de allí que los englobemos como pacientes gravemente perturbados.

Es especialmente en nuestro trabajo con los pacientes con estas graves perturbaciones, que vamos aprendiendo que las variaciones taxonómicas son diagnosticables sólo en un contexto vincular. Es aquí donde la creación de un ambiente que genere el mínimo de reacciones adversas tendrá una importancia crucial. Por lo tanto, de la calidad de este vínculo y, en especial, de nuestra actitud, cómo procedamos los profesionales dependerá el diagnóstico y por cierto el pronóstico mismo. El atribuir al enfermo "conducta bizarra" o determinadas "reacciones afectivas" no sólo deberá tener en cuenta el contexto cultural –los códigos locales– sino que no podrá soslayar la actitud del entrevistador como esencial en el establecimiento del campo psicológico y, por ende, de la génesis de algunas particularidades conductuales en el entrevistado.

Más adelante, será el consenso que establezcamos con nuestros pares profesionales, aquello que nos permitirá pensar en una u otra categoría diagnóstica, aunque exigirá siempre mantener con la taxonomía un vínculo laxo, de transformación permanente, para evitar rigideces que empobrezcan nuestro pensamiento.

Reiteremos que sólo en un nuevo vínculo –reparador del dañado tempranamente– podrán resolverse desarrollos patológicos que se generaron debido a una intensa y prolongada relación fallida en los inicios de la vida.

Una perspectiva de las patologías graves

Las necesidades tempranas que son diferenciadas claramente por Winnicott (1960b) del accionar instintivo ("debe subrayarse que al referirme a la satisfacción de las necesidades del infante no hablo de la satisfacción de instintos") son agrupadas en su obra en tres categorías: sostén (holding), manipuleo (handling) y presentación del objeto (object-presenting), y requieren acciones específicas del medio –el medio más temprano es la preocupación de la figura maternante– para que en el transcurso del desarrollo hacia la independencia el sujeto humano se integre, se personalice y acceda a la realidad.

Es a partir de su vasta y heterogénea experiencia clínica con pacientes gravemente perturbados que plantea que si por diversas situaciones el desarrollo transcurrió sin aquellas respuestas que hubiesen sido posibles por parte de un objeto adecuado, crucial, específico, las necesidades permanecerán congeladas a la espera de un contexto receptivo, no "reactivo".

El modelo que nos brinda el pensamiento de Winnicott y de su prolífica escuela, intransigentemente vincular, tiene su basamento científico en los postulados de Freud y en los desarrollos kleinianos pero, en este aspecto, la diferencia de nuestro autor, y algunos que le precedieron, consiste en: a) haberse alejado de los planteos instintivistas y, por ende, deterministas; b) la jerarquización de los factores ambientales en la crianza humana, proveedor irremplazable de aquellos objetos que satisfarán necesidades, y luego deseos, y que se ampliarán en el camino hacia la transición en el contexto familiar y social.

Recorriendo la literatura psicoanalítica podremos percibir que Winnicott no estuvo solo en lo esencial de estos pensamientos: ya hemos señalado sus coincidencias con Fairbairn (1941). Es también en esos años cuando Bowlby (1940) escribe su primer trabajo acerca de la influencia del medio en el desarrollo de las neurosis. También en esa década Balint (1968) desarrolla su teoría a partir de la denominada falta básica. Más contemporáneamente, desarrollan algunos de sus puntos de vista los colegas que lo acompañaron en el "middle group" así como los que en USA se aproximan a algunos de sus puntos de vista: Mahler, Erikson, Searles, Kohut y sus seguidores.

Es oportuno ahora un interrogante: ¿por qué muchos de estos autores –cuatro o cinco décadas después de los comienzos del psicoanálisis– observan los fenómenos psíquicos desde tan distintas perspectivas? ¿Por qué hoy ocupan el centro del escenario teórico psicoanalítico las modalidades vinculares? ¿Qué ha pasado con el clásico Edipo?

Estos factores son variados (y llevan también como ingrediente el componente personal de quien formula sus hallazgos) pero quisiera puntualizar un factor que me resulta sustancial: el desarrollo de una enfermedad, y como se la conciba, estará siempre en función de los valores propios de la época. Durante la modernidad –y esto lo confirmamos en cada paradigma freudiano– la búsqueda del saber y de la verdad eran el norte de todo investigador: el saber, positivo; la verdad, opuesta a la apariencia y a la mentira.

Acerca del valor del medio en la etiología de las psicosis, recordemos que nuestro autor plantea: "En el infante, la relajación significa no sentir la necesidad de integrarse, mientras se da por sentada la función del yo auxiliar de la madre" (Winnicott, 1962).

La integración está estrechamente vinculada con la función ambiental de "sostén" en el sentido real y/o metafórico.

Podemos pensar, entonces, que si ofrecemos un setting que permita crear un medio ambiente "sostenedor", seguramente específico para cada paciente, permitiremos la vivencia de la esperanza a la que el lúcido autor se refiere y, sin duda, estaremos más cerca de vislumbrar la salud. Al respecto, Winnicott enfatiza el vínculo, vínculo de presencia y disponibilidad necesarias y, consecuentemente, de esperanza.

¿No nos permiten estas formulaciones estar más cerca de la dilucidación de las cuestiones del tratamiento de pacientes severamente perturbados?

La polémica reedición/ edición: ¿podremos crear lo que no fue?

El concepto freudiano de Reedición

En Recuerdo, Repetición y Elaboración, Freud escribe: "El enfermo repite todo lo que emanado de las fuentes de lo reprimido impregna ya toda su personalidad; sus inhibiciones, sus actitudes inadecuadas, sus rasgos de carácter patológicos, repite igualmente durante el tratamiento todos sus síntomas y poniendo en evidencia esta compulsión a repetir", y agrega: "no hemos descubierto ningún hecho nuevo, sino que adquirimos una concepción más coherente del estado de las cosas. Constatamos claramente que el estado mórbido del analizado no podría cesar desde el comienzo del tratamiento y que debemos tratar su enfermedad no como un suceso del pasado, sino como una forma actualmente presente. Es fragmento por fragmento que este estado mórbido es traído al campo de acción del tratamiento y, mientras que el enfermo lo experimenta como algo real o actual, nuestra tarea consiste en referir lo que vemos al pasado".

Más tarde, en las Conferencias de Introducción al psicoanálisis (1916 [1917]) Freud insiste en la relación transferencial como reedición. Es por esto que vemos frecuentemente al enfermo abandonar los síntomas de su neurosis. Esta se expresa, de ahí en más bajo otra forma gracias a la transferencia, que representa, pues, una reedición camuflada de su antigua neurosis. La ventaja es que esta podrá ser mucho mejor captada en lo importante y elucidada ya que el terapeuta representa esta vez su centro. Estamos frente a una nueva neurosis que desde el vínculo analista/paciente, reemplaza a la primera.

Freud agrega: "superar esta nueva neurosis artificial (la neurosis de transferencia) es suprimir la enfermedad engendrada por el tratamiento. Estos dos resultados van a la par y cuando son logrados, nuestra tarea terapéutica está concluida".

Freud (1917) formuló una reflexión visionaria que dejó sin contestar: "no veo en que sentido habría fracasado la orientación que hemos impuesto a nuestras búsquedas si descubriésemos que en la psicosis graves son las pulsiones yoicas mismas las extraviadas de manera primaria [...] el futuro lo dirá...".

Estamos en ese futuro y podemos advertir que esa intuición freudiana es hoy una de las más importantes ideas trabajadas por los diversos autores en los que abrevamos. Las "pulsiones yoicas mismas" opuestas, en ese momento teórico, a las sexuales y que requieren para su satisfacción de una "acción específica" implican una concepción muy cercana, aunque no exacta, a los "instintos del yo" de Winnicott, a esas necesidades que, como él plantea, deben encontrar imprescindiblemente su objeto específico para poder lograr la integración, la personificación y la realización.

La misma idea la hallamos en Kohut (1971) para las primeras relaciones objetales, posibilitadoras del establecimiento de un Self cohesivo, vital y armónico. Para lograrlo, deberá el incipiente Self encontrar objetos que lo especularicen y a quienes idealizar. También Bowlby (1969) coincide con estos conceptos cuando piensa en las conductas de apego, e igualmente Balint (1968) postulando el amor primario. En la clínica de J. McDougall (1982) están presentes conceptos teóricos similares.

Si en los comienzos de nuestra vida, quien nos debe "sostener" y "aguantar" –el depositario de nuestra confianza– falla reiteradamente, será deficitario nuestro desarrollo. Pero, si son efectuadas, permitirán que el bebé sea, que se sienta real, creativo, que logre vivir en su propio cuerpo, que con el tiempo siga siendo el mismo. De no ser así, de fallar esos primeros objetos imprescindibles, de no establecerse un "sostén" confiado, esas necesidades se congelarán, esperando una mejor oportunidad para hallar una respuesta en la amistad, la poesía o el analista. De no ser posible un encuentro pertinente, quedará una fisura que llevará a la mente y luego al falso Self a ocupar el lugar de la persona ("ser en vez de") con la finalidad de evitar el caos, dando lugar, posteriormente, en los casos más graves, incluso a la construcción defensiva de un delirio.

Contemporáneamente a la publicación de artículos de Winnicott tan importantes como "El desarrollo emocional primitivo" (1945), "La psicosis y el cuidado de los niños" (1952), Erikson, E. H. (1950) describe las etapas epigenéticas del desarrollo humano, comenzando por la de "Confianza Básica" que exige "una sensación de comodidad física y una experiencia mínima del temor o incertidumbre. Si se aseguran estos elementos, [el bebé] extenderá su confianza a nuevas experiencias". Y más adelante: "el mantenimiento de las funciones corporales representadas por la respiración, la ingestión, la digestión y los movimientos motores son las únicas preocupaciones del organismo joven y estas últimas incluyen su finalidad inmediata de interacción con el medio. El resultado de un buen pasaje por esta primera etapa dejará como remanente el sentimiento de esperanza."

Profundicemos un poco más en el pensamiento de Winnicott: "el analista está preparado para aguardar hasta que el paciente sea capaz de presentar los factores ambientales en términos que permitan su interpretación como proyecciones. En un caso bien escogido, este resultado surge de la capacidad del paciente para confiar, que es redescubierta en la confiabilidad del analista y en el encuadre profesional. A veces el analista tiene que esperar mucho y en el caso mal elegido para el psicoanálisis clásico es probable que la confiabilidad del analista sea el factor más importante (o más importante que las interpretaciones) porque el paciente no la experimentó en el cuidado materno de la infancia y para poder hacer uso de ella necesitará encontrarla por primera vez en la conducta del analista". (Winnicott, 1960 a).

Destaquemos de este texto algunos conceptos:

a) *El caso mal elegido para el psicoanálisis clásico*: dejaremos de lado la discusión "clásico o no", considerando solamente que si un analista tiene "in mente" la idea de creatividad como valor importante deberá inventar –seguramente reinventar– una forma de encuentro para cada persona a la que trate; entonces lo inmutable, lo "clásico", no será nuestra técnica (como ya lo consideramos supra), no hay, a nuestro entender ni siquiera en los protocolos freudianos, una "técnica clásica"), aquello que no varía será lo atinente a la ética, en el sentido de no manipular al paciente, y de respetar sus valores.

"En el psicoanálisis –plantea el citado autor en este mismo texto– tal como lo conocemos, no hay ningún trauma al margen de la omnipotencia del individuo."

Cuando Winnicott categoriza a sus pacientes en términos psicopatológicos lo hace básicamente por el grado de estructuración del Self, por la existencia y posibilidad de ponerse de manifiesto aquello verdadero de él, por la "porosidad" del falso Self; finalmente y este es un aporte muy importante de Winnicott, por la posibilidad o no del analista de operar como lo hacemos habitualmente con los neuróticos, esto es, basándonos fundamentalmente en la actividad interpretativa. Si no es posible proceder de esa forma, Winnicott propone hacerlo con técnicas de conducción en las que el marco, el setting, se jerarquiza. Postula diversas categorías de tipificar a los pacientes, que veremos en el capítulo próximo.

b) *Confiabilidad*: Ya señalamos lo caro que era este concepto para Winnicott, así como para Erikson. Recordemos que los pacientes denominados "predepresivos" no tuvieron la posibilidad de experimentar la confianza con sus primeros objetos. En 1954, Winnicott aclarado de forma inequívoca su postura: "La enfermedad psicótica está relacionada con el fracaso ambiental en una fase precoz del desarrollo emocional del individuo [...] y solamente puede ser aliviada por una provisión ambiental especializada e interrelacionada con la regresión del paciente [...] allí será fundamental la provisión de un marco generador de confianza". (Winnicott, 1954).

En la medida en que avanzamos en nuestra disciplina, y en especial en las investigaciones de los análisis de pacientes graves, nos vamos acercando, y en la actualidad con más herramientas, al desamparo que Freud (1926) relacionara con las vivencias de los primeros momentos de la vida. Indudablemente, en nuestros días, con las características de nuestra organización social urbana, la búsqueda de un semejante es más motivada por la necesidad de un encuentro –con un objeto acorde a las necesidades básicas prioritarias– que con el objeto de deseo sexual.

c) *Por primera vez*: con esta referencia a un acontecimiento que sucede eficazmente en el análisis por primera vez, Winnicott entra de lleno al problema de la edición. Ya nos habíamos referido a ello hace algunos años (Nemirovsky, 1993): "Durante la experiencia analítica deberá editarse una secuencia de situaciones que no habían sido registradas en la infancia ya que no había sustrato yoico para hacerlo. Podemos describir ahora transferencias, que llamamos de necesidad, que no se reeditan "automáticamente" sino que lo hacen sólo si la actitud empática del analista lo posibilita, para editarse y desplegarse. No son re-impresiones, existen en un espacio potencial, a la espera de un objeto, que les permitirá nacer si realiza acciones específicas. Para que se posibilite esa edición, serán necesarias actitudes profesionales apropiadas a cada paciente: reflejar, dar coherencia, significar y discriminar la emoción, comprender la secuencia del material manifiesto..."

Sólo si el analista aporta un marco confiable, creando un medio-ambiente adecuado y presentándose disponible para el paciente, este podrá –ahora sí– intentar confiar en él.

No hay nostalgia peor que añorar lo que nunca jamás sucedió, dice Sabina (1990) en su poesía, entonces nos preguntamos ¿dónde podemos hallar aquello que aún no fue editado?

En el encuentro con otro ser humano. Los humanos nacemos con la disposición a confiar; para sobrevivir no tenemos otra posibilidad: comenzamos en el polo opuesto del concepto de responsabilidad, que recién se va desarrollando a partir de adueñarnos de experiencias que nos informan acerca de aquello que nosotros somos capaces de hacerle a otros. La responsabilidad es mínima en el ser humano naciente y es máxima en los padres a quienes, el bebé se entrega. Si el bebé es defraudado (material y metafóricamente) se generarán los problemas tempranos que veremos luego en la clínica de la disociación: despersonalizados, panicosos, borderlines y psicóticos. Pero, si todo va bien, es decir, si se encuentran respuestas medioambientales allí donde se las busca, si el objeto se halla donde "se debe" encontrar, y desde allí va satisfaciendo y luego, gradualmente, fallando (ya que con un paciente en estado de necesidad no podemos no fallar si nos mantenemos como analistas) sólo entonces se darán las condiciones para poder "editar".

Acerquémonos ahora a otra frase de Winnicott (1954) complementaria de los conceptos que estamos desarrollando: "La ira perteneciente a la situación de fracaso ambiental originaria se expresa por primera vez". Es decir, el sujeto reaccionará aquí por primera vez como antes no pudo. Seguramente acató o se sometió (al analista y a los aspectos formales de la relación) y la ira quedó postergada, congelada, hasta poder desplegarse en un contexto garantizador de su contención y posterior actitud reparatoria.

¿Qué contiene lo editado? Aquello de lo que el paciente no

pudo hacerse cargo por que no lo abarcaba, no le pertenecía. El fracaso ambiental temprano dejará el miedo a que vuelva a repetirse como una señal de su existencia, de su vigencia. Este afecto, el miedo del que ya ha sufrido un derrumbe, y su temor a la repetición de la caída, actualizado en la transferencia, será el único indicador que nos guíe en el intento de reparación que buscamos desde nuestro lugar. La modalidad transferencial será la que Balint (1968) describe como falta básica, Winnicott (1974) como el miedo al "derrumbe" y aquella que hemos descrito como "transferencia de necesidad" (Nemirovsky, C., 1993).[42]

d) *En la conducta del analista*: por supuesto que el analista con

---

42 En los pacientes fronterizos persisten necesidades nunca satisfechas e inéditas que pujarán por encontrar un objeto satisfaciente repitiéndose una y otra vez en el vínculo analítico y no siempre estarán engarzadas con el transcurrir sexual instintivo. Por otro lado, la estructura psíquica no resulta suficiente –es deficitaria– para permitir su tramitación adecuada.

Es a partir de nuestra clínica que encontramos válido este planteo: aquellas transferencias que nosotros llamamos de necesidad y que en nuestro modelo se aproximan por su origen al lugar que Freud le daba a los instintos de autoconservación del Yo, requieren de un ámbito adecuado para emerger y ser reconocidas en el vínculo posibilitando el desarrollo psicológico.

Además de las conocidas transferencias neurótica y psicótica, planteamos una tercera transferencia a la que llamamos de necesidad: imperiosa, a veces silenciosa, pero siempre presente en aquellos que no han llegado a configurar una estructura tripartita (Gedo, J. y Goldberg, A. 1980). Cuando esta transferencia predomina es inútil interpretarla o incluso, daña hacerlo (Valeros, 1989).

Winnicott (1971) dice: "las interpretaciones por exactas y oportunas que fueren no pueden dar la respuesta completa [...] en este tipo particular del trabajo del terapeuta, las interpretaciones son de naturaleza verbalizadora de experiencias en el presente inmediato de la consulta, y en este caso no rige con exactitud el concepto como verbalización de la conciencia naciente.

¿Qué se actualiza en este tercer tipo de transferencias?

El instinto resulta ajeno, ya que un Self incipiente o poco desarrollado no puede dar cuenta de él. Para las necesidades actualizadas no hay contingencia objetal, el objeto será específico o no será. No hay frustración: se satisface o se congela la necesidad esperando la oportunidad para su desarrollo. La lábil represión del borderline no le hará mella y la disociación quizá la desplace fuera del campo transferencial.

todos sus pacientes debe, en palabras de Winnicott, portarse bien, pero aclaremos de entrada que esta no es una recomendación técnica ni una convocatoria ética. Esto es especialmente significativo con los pacientes tempranamente traumatizados (McDougall, 1982) Este concepto deriva del de "madre suficientemente buena" y en la clínica resulta que si el analista se manifiesta con autenticidad, esto es, si es sensible, constante, coherente, dedicado, tolerante con su propia ira, si reúne las cualidades de una madre buena madre y no de una madre buena, el paciente podrá delegar en él su ser falso. El analista, en los casos complicados, debe "estar preparado para aguardar" –y no es retórica en boca de Winnicott. A veces debemos aguardar años, esperando sin vengarnos, conteniendo incluso a la familia. Y no sólo a la del paciente: Searles (1966) se ha animado a decir claramente que fundamentalmente a nuestra propia familia.

El "portarse bien" será necesario para hacer del analista, un analista de psicóticos. Winnicott (1971, pp. 102 a 104) le dice a un paciente hombre: "Estoy escuchando a una mujer. Sé muy bien que usted es un hombre, pero yo escucho a una mujer, y hablo con ella." Aclara luego a sus lectores: "Deseo destacar que esto nada tiene que ver con la homosexualidad".

Sigue el paciente: "Si le hablase a alguien sobre esta mujer, me dirán que estoy loco". Analista: "No se trata de que usted le haya dicho eso a nadie: soy yo quien ve a la mujer y oye hablar a una mujer, cuando lo cierto es que en mi diván hay un hombre. El loco soy yo mismo."

La cita sigue: "El paciente dijo entonces que en ese momento se sentía cuerdo en un ambiente demente". Y luego "... el hombre tuvo que adaptarse a la idea de su madre, de que su hijo era y sería una niña".

Si por un momento nos imaginamos que Winnicott no hubiera sido quien fue y se hubiese "adaptado" –como el paciente a su madre– a una determinada manera de analizar, a sólo una perspectiva... ¿qué hubiese interpretado? Podría haber dicho algo como: "Ud. desea que yo me haga cargo de su parte femenina" o, quizá, "Ud. quiere hacerme ver que...", etcétera. En definitiva, señalando un camino errado, una falsa vía o culpabilizando a su paciente. Esta secuencia podría venir como anillo al dedo a un terapeuta que abusando del concepto de identificación proyectiva, buscase portarse bien... ¡con la teoría! Este supuesto terapeuta tampoco se hubiera animado a "ser loco".

Si Winnicott no hubiese tenido su teoría de la falla medioambiental, ¿qué hubiera visto? Y, ¿qué si el paciente hubiese sido "etiquetado" (a través de una pseudointerpretación) de homosexual? Podríamos seguir preguntándonos, pero Winnicott nos propone un modelo que acota interrogantes espurios y plantea otras perspectivas y motivos para investigar.

A esta altura se impone una aclaración: la perturbación intensa y constante en la satisfacción de las necesidades del Self, siempre básicas, generan las condiciones para la enfermedad psicótica, pero no descartamos, como nunca lo hicieron quienes nos precedieron, aspectos bioquímicos o genéticos. Aportamos desde donde (cada uno) vamos sabiendo. Nos resta la tarea, hoy todavía incipiente, de ir integrando los distintos vértices del conocimiento.

Algunas conclusiones

Analizar a un psicótico requiere ciertas condiciones: ser audaz, permitirse ser contradictorio y... hasta animarse a considerar al paciente como lo más importante de nuestra vida en ese momento y, luego, poder rescatarnos de todo esto. En este sentido, los caminos del tratamiento de un psicótico son idiosincráticos, y requieren de un gran esfuerzo personal del analista para conducirlo, también del apoyo de nuestra propia familia, ya que esta seguramente se enterará –lo deseemos o no– a través de llamados insólitos del paciente, cuando no de visitas a nuestra casa, o de diversas formas de acercarse a nosotros con diversos mensajes.

¿Cómo debe ser un analista para tratar a un psicótico? Las más de las veces deberá tolerar ser "inexistente", por largos períodos. Y si pasa esta prueba, tendrá que soportar la transferencia intensa, cambiante y habitualmente actuada del psicótico. Y, en algunas oportunidades, deberá estar preparado para aceptar una posible curación espontánea, a diferencia del neurótico, para quien la actividad interpretativa del psicoanalista es absolutamente necesaria. Recordemos las palabras de Winnicott (1954) que anteriormente citamos en la que expresaba que "la psicosis se halla estrechamente relacionada con la salud, en la cual están congeladas innumerables situaciones de fracaso ambiental que sin embargo, son alcanzadas y descongeladas por los diversos fenómenos curativos de la vida corriente, a saber, amistades, cuidados durante la enfermedad física, la poesía, etcétera."

El terapeuta deberá "ser" y, desde allí, "hacer", porque si no es auténtico –si su labor no está encarnada en su personalidad– no durará mucho tiempo al frente del tratamiento: será rápidamente denostado por el paciente deficitario, que siempre es dueño de una especial sensibilidad para captar más allá de lo que su analista quiere mostrar. Quizás se adapte –y esto sería más penoso– a lo (poco) que pueda recibir, y una vez más se repetirá su historia, la historia de su enfermedad. Un analista de psicóticos será un analista de 1 o a lo sumo 2 psicóticos por vez, no resistirá mucho más. Y esto es porque para sobrevivir necesitará ser ni más ni menos que una suficientemente "buena madre", intentando comprender y guardándose –y por mucho tiempo– posibles explicaciones.

¿Cuáles son los límites de nuestra comprensión como analistas? "Son tareas específicamente analíticas: reflejar, dar coherencia, significar y discriminar la emoción, comprender la secuencia del material manifiesto y no rechazarlo como poco valioso o que lo es sólo en la medida que es el vehículo del cual se sirve lo inconsciente para emerger, poner límites ("a Ud. no le conviene..."), o dar alguna sugerencia ("Mejor postergar esa decisión para más adelante") (Gioia, 1989), tener paciencia y tolerar no interpretar todo lo que percibimos, permitir la intimidad del paciente consigo mismo, siendo, por momentos, testigos mudos de nuestra propia exclusión.

La paciencia es indudablemente una función del psicoanalista, un recurso de primera magnitud, sin duda, pero ejercerla ¿hasta dónde?: los límites de nuestra actitud y de nuestro encuadre no son los de la teoría; son los de nuestra empatía, nuestra paciencia y nuestra posibilidad de poder seguir pensando, hasta allí podemos flexibilizarnos sin introducir parámetros. Esperar a que el paciente pueda adueñarse de su ira es una de las funciones más difíciles para el analista de psicóticos, comparable quizá a la tolerancia de la transferencia idealizadora. También nos referimos al ser audaz; audacia para crear y recrear salidas, caminos, sesgos que sólo serán plasmados en esa relación y sólo en esa. Uno de los ejemplos es el que citamos, donde Winnicott pudo renegar, aunque sea parcial y temporariamente, su percepción cuando le dice a su paciente "veo a un hombre pero escucho a una mujer".

Otra condición importante, si queremos analizar psicóticos, es sentirnos capaz de ilusionarnos con la idea de nuestra posibilidad de poder ayudar a este particular paciente "conviviendo" con él/ella un tiempo.

¿Y respecto a la responsabilidad del analista de las reacciones del analizando? ¿Cuándo y cómo posibilitamos el desarrollo –como un ambiente adecuado– o, por oposición, cuándo y cómo provocamos reacciones? Galli (1982) se plantea una pregunta bien interesante: ¿por qué con los psicóticos los terapeutas más jóvenes tienen mayor efectividad terapéutica que los más "hechos"?, y ensaya una respuesta basada en que los jóvenes aceptan más fácilmente el cuestionamiento del propio rol y del propio conocimiento. Podemos seguir pensando en esta línea, ya que seguramente los jóvenes estarán menos aferrados a teorías que sólo permiten observar la experiencia clínica por un estrecho desfiladero. También los jóvenes dedican más tiempo a su paciente y, si su salud psíquica lo permite, estarán más cerca del sentido común, que de la teoría.

Por último, una pregunta que dejamos sin contestar intentando promover la discusión: ¿el problema con los psicóticos son sus transferencias o tendremos los analistas dificultades para aceptar una forma tan extraña de vínculo, angustiante, cuestionador, exigente y... hasta enloquecedor?

Capítulo 8

Encuadre e interpretación Reflexiones alrededor de conceptos de D. W. Winnicott[43]

Introducción. El tratamiento en función de la psicopatología.

> *En la labor que estoy describiendo (con pacientes en cuya historia personal precoz no hubo un cuidado infantil suficiente [...] de sus necesidades) el marco cobra mayor importancia que la interpretación.*
>
> D. Winnicott (1955-56)

Retomaremos conceptos del Capítulo 5. Algunas experiencias con pacientes complejos –que algunos llaman graves o de difícil acceso, cada vez más frecuentes en nuestra práctica actual– me han llevado a profundizar en los puntos de vista de algunos autores (Ferenczi, Fairbairn, Kohut, Green, Kernberg, McDougall, pero particularmente Winnicott) intentando un diálogo tendiente a concebir una respuesta personal que me permita resolver algunos problemas teóricos, pero especialmente muchos interrogantes clínicos. El origen de estas interrogaciones, generadoras de búsquedas, nunca es simple. Si bien parten de lo que va aportado el paciente, siempre

43 Este capítulo es una versión modificada de los publicados en Intercambios/Intercambis, Barcelona, nov. 2002 y en www.aperturas.org, n. 13. Es también la reformulación del capítulo del libro *Winnicott Hoy, su presencia en la clínica actual,* compilado por A. Liberman y A. Abello, ed. Psimática, Madrid, España, 2008.

enigmático, los terapeutas nos embarcamos, junto a él, con rumbo desconocido, cursando una travesía llena de entrecruzamientos de diferentes niveles, al modo de nuestras propias series complementarias: las historias personales, los modelos profesionales, las variables de época, las ideológicas, las vicisitudes político-institucionales, todo lo cual nos sugerirá maneras de percibir las transferencias y determinarán complejas contratransferencias directas e indirectas.[44]

Necesitamos, con cierta premura, conceptualizaciones que abarquen los nuevos fenómenos clínicos propios de los pacientes que hoy asistimos. Tenemos que ir aprendiendo de nuestra clínica, que difiere de la de décadas pasadas, ajustando nuestros conceptos para poder pensar y operar con sujetos que –entre perplejos y angustiados– se perciben "alejados-de-todo" o "irreales", como ya los hemos caracterizado. Necesitamos ensayar respuestas a sus angustias en nuestras prácticas, a la vez que ir pergeñando conceptualizaciones teóricas con el fin de explicarnos fenómenos tan inefables y corrientes como los que encontramos hoy como motivos de consulta. Necesitamos, como lo sugiere Wallerstein, R. (1988), "teorías clínicas". En este sentido, Kohut (1977) habla de "teorías de bajo nivel de abstracción" en su minucioso abordaje para pacientes con diversos trastornos en la arquitectura de su Self. Y necesitamos también de metapsicologías operativas, como la planteada por Zukerfeld (1999) o por el integrador Enfoque Modular– Transformacional de Bleichmar (1997) propuesto para sistemas complejos.[45]

---

44 No tomaré las concepciones freudianas y postfreudianas del encuadre psicoanalítico, claramente expuestas por Horacio Etchegoyen (1986) en Los fundamentos de la técnica psicoanalítica, Buenos Aires: Amorrortu.

45 Bleichmar, H. (1997) propone, desde ya hace algunos años, su modelo de funcionamiento psíquico al que llama *Modular-Transformacional*, basado en la coexistencia de diversos sistemas motivacionales como narcisismo, apego y sensualidad/sexualidad . A partir de estas consideraciones sostiene que... "el inconsciente es una estructura compleja, con módulos que se rigen por diferentes leyes de funcionamiento, que tienen distintos orígenes, con contenidos que se hallan en múltiples niveles de representabilidad y de intensidad o fuerza (catexis) de sus inscripciones."

Desde el aporte de este autor, ya no consideramos homogéneo al funcionamiento inconsciente, sino que operarían los diferentes módulos o sistemas inconscientes generados por

A pesar de estos esfuerzos, sigue en pie la pregunta que ya formulamos ¿Alguna de las metapsicologías conocidas es suficientemente abarcativa para percibir nuestra clínica actual sin forzar los observables, ni hacerle perder al fenómeno semiológico toda su riqueza? Debemos buscar también fuera de nuestro campo habitual de exploración y practicar un diálogo más franco, abiertamente transdisciplinario con otras corrientes, como la psicología cognitiva, la psiquiatría actual, la etología.

Nuestras metapsicologías van recogiendo, como punto de partida, organizaciones psicopatológicas que siendo emergentes de la cultura que las nutre, crecen especialmente por los "bordes" de las categorías. De allí que en la frontera entre psicosis y neurosis aparece la patología borderline, aunque ocupando cada año un campo más ancho, que ya incluye subcategorías, no fácilmente diferenciable de ciertas psicopatías, de las esquizofrenias ambulatorias y de la nuevas gama de "neurosis graves", como el trastorno obsesivo compulsivo, o los desórdenes de pánico que hallamos con frecuencia inusitada en nuestras historias clínicas. Seguramente los aportes que el vivir impone a la estructuración de la psicopatología, y las "nuevas miradas de los profesionales", van complejizando los listados de estados patológicos. Nuestros afanes clasificatorios son siempre insatisfactorios –y también siempre inalcanzables, como lo demuestran los diversos bienintencionados listados de los D.S.M, los C.I.E y de otros códigos taxonómicos– que no resultan capaces de abarcar a las tan diferentes expresiones propias de nuestra especie, a nuestra subjetividad, que en las diversas acepciones de la cultura, expresa su malestar psíquico.

---

inscripción secundaria, inscripción primaria o no-inscripción responsables de diferentes modos de operatividad.

Zukerfeld, R. (1999) propone, en diversos trabajos, la inclusión de lo que llama "Procesos terciarios" de gran utilidad en la clínica actual. Él dice: "no es posible pensar al funcionamiento psíquico sólo en términos de procesos primarios o secundarios. Conviene precisar que el proceso primario saturado correspondería a la clínica del impulso y del desorden del pensamiento y el proceso secundario saturado a la clínica de la intelectualización y la palabra vacía [...] reformulamos la noción de proceso terciario como la puesta en relación con lo escindido o inenarrable constituyendo una verdadera creación".

Las manifestaciones mencionadas, que caracterizan a la "clínica de lo complejo", dependen de las épocas (no son universales, ni ocurren en todo tiempo) al igual que nuestro trabajo profesional y las teorías en las que lo sustentamos. Nuestros tratamientos no pueden ser estándar, los deberemos confeccionar "a medida", reconociendo que cada encuentro es "el" encuentro singular, como lo es cada paciente.

Podríamos aferrarnos a algunos razonamientos que nos llevarían a pensar que con relación a las formas que adquieren los encuentros con los pacientes, ya se ha dicho todo, pero el trabajo artesanal del consultorio impide que nos instalemos en esa tranquilizante creencia. Y seguramente porque intuimos que para construir un puente que permita el tratamiento, debemos proceder de una manera más compleja de la aprendimos en nuestros institutos de formación psicoanalítica.

Winnicott polariza los términos encuadre/interpretación cuando para otros autores es habitual que el encuadre habitualmente permanezca mudo, con el objetivo de posibilitar el protagonismo de la interpretación, como principal figura de la acción psicoanalítica. A partir de los tempranos cuestionamientos de Ferenczi (desde 1919 en adelante) que lo llevan al desarrollo de la técnica activa –y consecuentemente, a su alejamiento de Freud– diferentes autores han aludido a estas difíciles situaciones, denominando a "su" paciente grave como "severamente traumatizado" (McDougall), "irrepresentado" (Botella), "traumatizado" (H. Rosenfeld).

Sobre el abuso interpretativo han alertado también Leclaire (1977) y Pontalís (1990) en el prólogo a Realidad y juego (Winnicott, 1971).

Creo necesario detenerme en la dialéctica temprano/profundo, que es de gran utilidad clínica: es obvio para nosotros que el método psicoanalítico propone un recorrido en reversa, intentando llegar a aquello que para cada escuela del pensamiento es lo más cercano al nacimiento del psiquismo.

Así, cada perspectiva psicoanalítica construye "su bebé" que adquiere como apellido el de la escuela que le ha dado a luz. Estos bebés (freudiano, kleiniano, lacaniano, winnicottiano, etcétera) no resultan gemelos; se parecen como hermanos, pero entiendo que presentan rasgos irreductibles entre sí. Pine (1990) ha tratado de marcar convergencias y divergencias refiriéndose a las cuatro psicologías: la psicología de las pulsiones, la del Yo, la de las relaciones de objeto y la del Self.

Ya señalamos que, en la concepción de "su" bebé, Winnicott (1957) diferencia los contenidos profundos, de los más tempranos. Estos últimos, que no forman parte del Self, posibilitan el inicio de la historia del sujeto: se trata de lo que el medio brindó en los primeros momentos de la vida extrauterina, en términos de sostén y presencia. Lo temprano cumple la función de una red, por cuya presencia sostenedora, un contenido va adquiriendo alguna forma. Sería de utilidad polemizar (teniendo en cuenta los diferentes esquemas referenciales desde los que se plantean) acerca del isomorfismo temprano/profundo con contexto/texto y también con continente/contenido.

Poco a poco, aquello que más tarde devendrá profundo, se va instalando como contenido del Self, derivando de la experiencia y configurándose como mundo interno. Operar con el concepto de "temprano" in mente implica reconocer la dependencia (de los objetos primarios) como lo señala Freud en Inhibición, Síntoma y Angustia (1926): "La ausencia de la madre deviene ahora en peligro".

Es la consecuencia de la prematuración, que conlleva el peligro que Freud señala, a la que Winnicott retoma como "lo temprano", partiendo de la inicial indiferenciación sujeto/ambiente y requiriendo –en el lenguaje freudiano– "acciones específicas" del medio, para con las necesidades del bebé. Podríamos, sin temor a equivocarnos, equiparar esas necesidades –no derivadas de la pulsión sexual– que aparecen en el bebé winnicottiano con las pulsiones de autoconservación freudianas. Winnicott no solo considera que el medio provee de alimentos y de una temperatura acogedora, sino, también, el sostén (holding) real y metafórico del bebé, la posibilidad de ser manejado por un semejante como acción específica y también la de disponer de objetos en su entorno.

Más tarde –sobre esta base temprana establecida con solidez–, afectos e instintos ligados a los fenómenos depresivos y al odio, irán otorgando profundidad al sujeto. Lo temprano, sostiene y justifica la presencia de lo profundo, funcionando, digámoslo nuevamente, como malla sostenedora de los contenidos que van sedimentando entre sus redes, delineando los límites del Self.

El marco y el proceso

> *El comportamiento del analista, representado por lo que he llamado "el marco", por ser suficiente en lo que hace a la adaptación a la necesidad, es percibido gradualmente por el paciente como algo que da pie a una esperanza de que el verdadero Self pueda, por fin, correr los riesgos propios de empezar a experimentar la vida.*
>
> D. Winnicott (1955-56)

Lo que hemos desarrollado precedentemente, hace referencia a los aspectos evolutivos de la teoría psicoanalítica, pero involucra también conceptos psicopatológicos y conceptualizaciones técnicas de ellos derivadas. Los tomaremos como pre-texto para desarrollar una variedad de conceptos a fin de aclarar las ideas de Winnicott acerca del encuadre y de la actitud del profesional, destacando su utilidad en nuestra clínica actual.

Nos proponemos analizar en detalle estas citas, de apariencia simple, pero, fiel al estilo del autor, evocativas de conceptos complejos.

Ya aclaramos en primer lugar, la tan maltratada idea de la madre suficientemente buena (good enough mother), especialmente cuando se la toma como precepto moral o se deducen recomendaciones acerca de cómo debe ser la madre (o cuando se considera, en general maliciosamente, criticando a Winnicott sin haberlo leído, que la madre debe ser bondadosa).

Recordemos también que madre suficientemente buena implica

una doble función, real, a la vez que metafórica: la madre, o quien oficie de tal, deberá estar presente con continuidad.

Hoy incluiríamos junto a las características que en páginas anteriores enumeramos, la "resiliencia", definida como "la capacidad humana de enfrentar, sobreponerse y ser fortalecido o transformado por experiencias de adversidad" (Zukerfeld, R., 2002).

Habíamos planteado que la psicopatología clínica de Winnicott parte de estas ideas para establecer una diferenciación entre dos tipos de pacientes que, a grandes rasgos, son por un lado aquellos que han tenido cuidados suficientes y respuestas a sus necesidades, cuyo sufrimiento actual es derivado de conflictos profundos (anímicos, en términos de culpa y ambivalencia y edípicos) y, por otro, los que no han tenido esa suerte, que han sufrido un déficit reiterado en sus cuidados tempranos, por falla precoz del medio. Un año antes, según "el equipo técnico requerido por el analista" (Winnicott, 1954) había tenido en cuenta una tercera categoría, de manera que esquemáticamente los pacientes podrían resultar agrupados de esta manera:

1- Neuróticos o personas completas: es el modelo de paciente sobre el que Freud teorizó. Sufren por conflictos en el nivel de las relaciones interpersonales (celos, rivalidad, culpa).

Son capaces de diferenciar sujeto/objeto, yo/no yo.

La defensa básica es la represión (habitualmente exitosa).

Amor y odio están diferenciados, como consecuencia es posible una clara alianza terapéutica. En "Importancia del encuadre en el modo de tratar la regresión en psicoanálisis" (1964) Winnicott señala que en estos casos que llama corrientes "uno saca provecho del trabajo realizado por los padres y en particular por la madre, en la niñez temprana y en la infancia del paciente".

2- Depresivos: Se trata del modelo de paciente sobre el que (esquemáticamente) M. Klein y los postkleinianos teorizaron.

"Depresivo" no implica un diagnóstico psicopatológico, alude a la posición depresiva descripta por Klein. Son, para Winnicott, los pacientes que evolutivamente no pudieron superar la etapa de inquietud *(concern)* y viven en permanente dependencia, ya que no pudieron elaborar la culpa generada por las fantasías destructivas (si aman, destruyen) por lo que es necesario con ellos abordar especialmente los estados de ánimo. La defensa básica es en ellos la represión fallida, la escisión, las identificaciones superficiales –no estructurales– como defensa.

Clínicamente son los esquizoides, los borderlines más cercanos a la neurosis y los melancólicos.

3 - Predepresivos: Este es el modelo de paciente sobre el que Winnicott (también Ferenczi, Balint, Searles y así como Green y McDougall) ha teorizado, aunque no exclusivamente. Estos pacientes no diferencian externo/interno, no hay noción de alteridad, tampoco espacio proyectivo. El tipo de transferencia posibilitará –si el desempeño correcto del analista lo permite– editar la función madre medioambiente. La transferencia es básicamente fusional en base a necesidades. Si el analista se porta bien se vivirán en el análisis las primeras fases del desarrollo. Clínicamente corresponde a los más graves borderlines y a psicóticos.

Como señalábamos en el capítulo anterior, este autor, en varias oportunidades, llama "conducción" al tratamiento de estos pacientes, aunque en otros escritos habla de psicoanálisis (1964). Personalmente, pensamos que si es a través de la conducción como el analista debe proceder para crear las condiciones mínimas que posibiliten que el paciente reflexiones y juegue, está realizando una tarea inherente al proceso que sólo con una concepción psicoanalítica puede realizarse. Pensemos que si un paciente predepresivo es visto por un psiquiatra sin formación psicoanalítica será seguramente medicado o contenido sin otra perspectiva futura.

Si todo marcha bien, estos pacientes se integran en el contacto con el analista, gracias a la actitud profesional en el marco del tratamiento. Estos pacientes podrán usar, para crecer, los fracasos del analista siempre que este se adapte a su paciente que, ahora sí, a partir de reiteradas situaciones que le demuestren que su analista es confiable, podrá reaccionar con ira objetiva (que en estas circunstancias ocupará el lugar de la transferencia negativa de los desarrollos kleinianos).

En 1954, Winnicott señala que "todo el marco en el que se

desarrolla el psicoanálisis constituye una enorme tranquilización, especialmente en lo que respecta a la objetividad y comportamiento del analista". En esta oportunidad menciona a Betelheim, al señalar que la tarea del analista es fundamentalmente la de brindar un marco especializado.[46]

En este mismo artículo se refiere a lo que él denominó "el encuadre clínico de Freud". Veamos como lo describe:

> "A una hora prefijada diariamente, cinco o seis veces a la semana, Freud se colocaba al servicio del paciente. (La hora era fijada a mayor conveniencia del analista y del paciente).
>
> El analista estaba allí, puntualmente, vivo, respirando.
>
> Durante el breve período de tiempo fijado (cerca de una hora) el analista se mantenía despierto y se preocupaba por el paciente.
>
> El analista expresaba amor por medio del interés positivo que se tomaba por el caso y expresaba odio por su mantenimiento estricto de la hora de comenzar y de acabar, así como en el asunto de los honorarios. El odio y el amor eran expresados honradamente, es decir, no eran negados por el analista.
>
> El objetivo del análisis era el establecer contacto con el proceso del paciente, comprender el material presentado, comunicar tal comprensión por medio de palabras. La resistencia entrañaba sufrimiento y podía ser suavizada por medio de la interpretación.
>
> El método del analista era la observación objetiva.
>
> Esta labor se realizaba en una habitación, no en un pasillo, sino en una habitación que estuviese tranquila y en la que no hubiese riesgo de ruidos súbitos, pero no en una habitación tranquila como un sepulcro y a la que no llegasen los ruidos normales de la casa. La habitación estaría iluminada apropiada-

46 Bettelheim (1960) "La terapia psicoanalítica es, en esencia, un medio ambiente muy especial que tiene consecuencias singulares. Estar en situación psicoanalítica equivale a haber cambiado el medio natural de la persona por otro muy especial. Además, estudiar las reacciones del hombre en este ambiente particular sólo puede conducir a actitudes y descubrimientos afines a la situación."

mente, pero sin que la luz diese directamente en el rostro y sin que fuese una luz variable. La habitación no tenía que estar a oscuras y estaría confortablemente caldeada. El paciente se tumbaba en el diván, es decir, estaba cómodo, si podía estarlo, y probablemente una manta y un poco de agua estarían a su alcance.

El analista (como es sabido) se abstiene de juzgar moralmente la relación, no se entremete con detalles de su vida e ideas personales y no toma partido en los sistemas persecutorios incluso cuando los mismos aparecen en forma de verdaderas situaciones compartidas, locales, políticas, etcétera. Naturalmente que si hay guerra, se produce un terremoto o muere el rey, el analista se entera.

En la situación analítica el analista es mucho más digno de confianza que el resto de la gente en la vida normal. En general es puntual, está libre de arrebatos temperamentales, de enamoramientos compulsivos, etcétera.

Hay en el análisis una distinción muy clara entre la realidad y la fantasía, de manera que el analista no recibe ningún daño a causa de algún sueño agresivo.

Es posible contar con la ausencia de una reacción del talión.

El analista sobrevive".

La lectura que Winnicott hace del marco freudiano destaca su concepción acerca del encuadre, que aquí adquiere una enorme importancia como un elemento terapéutico. La objetividad ilusoria que se obtendría a través de la fijación de ciertas variables, queda en un plano más que secundario. Vale la pena reiterar que la estabilidad inherente al marco no es consecuencia de establecer parámetros formales rígidos, sino que es sinónimo de confiabilidad y afectividad adecuadas. Aquello que depende de la cantidad (tiempo, espacio, honorarios, etcétera) es modificable, incluso, puede tornarse inestable o cambiante mientras la confiabilidad permanezca, sin afectar la tarea analítica. Esta situación la comprobamos a menudo, cuando algunos pacientes en determinados períodos regresivos del tratamiento, son afectados por una mudanza del consultorio, un cambio en los honorarios o suspensión de una hora a pedido del analista, pero a raíz de la contención de la relación confiablemente estable con el analista, se traducen en mínimas reacciones.

A estas situaciones se refiere extensamente Bleger (1968) considerando al encuadre como depositario de los aspectos psicóticos o indiscriminados de la personalidad: habitualmente silenciosos, irrumpen cuando el marco se modifica. A nuestro criterio, estas irrupciones, reiteramos, estarán en relación a las variables de confianza y constancia del vínculo y no del encuadre en sus dimensiones temporales y espaciales.

Volviendo a las concepciones de Winnicott, subrayamos nuevamente que el marco se establece, mantiene y respeta con la finalidad de posibilitar la confianza del paciente en el método y en el profesional que lo implementa.

Gracias a esta confiabilidad, el encuadre no resulta una cáscara vacía, ya que las constantes témporo-espaciales permitirán al profesional desplegar la actitud analítica –el "portarse bien" de Winnicott– que contemple las respuestas al servicio de la acción específica adecuada a la necesidad de cada paciente. Las cuestiones actitudinales del analista, son determinantes (y deberán ponderarse a la hora de recomendar o seleccionar un analista, muy particularmente para los pacientes más complejos). Deberán ser seleccionados los analistas con capacidad para conservar calma, con la posibilidad de comprender o de "empatizar" con el consultante, sin jerarquizar otras variables como el "saber" o la "inteligencia". En síntesis, buscaremos analistas con disponibilidad para poner en marcha las posiblidades reflexivas de un paciente.

Como elementos inherentes a la actitud analítica consideraremos la función calmante de los componentes paraverbales y preverbales de nuestros mensajes que, actuando a su vez de marco de las palabras, permiten vehiculizar señales de reconocimiento, aseguramiento, reflejo, sostén y atención, tanto más significativos cuanto más temprano es el momento regresivo con el que nos encontramos.[47] Así lo informa Balint (1968), aludiendo al ámbito de la falla

---

47 Green (1975) "El analista responderá al vacío con un esfuerzo intenso de pensa-

básica, pero también Bowlby, Stern, Emde, Levovici y otros. Este mismo sentido, Loewald (1976) señala que no solo utilizamos el lenguaje para contener significados y aclarar situaciones, sino también para evocar estados mentales, para generar y vincular campos de la experiencia. Para este autor, el lenguaje es un factor clave en una "densidad primordial" original en la que los sentimientos, las percepciones, los otros y el Self forman parte de una unidad indivisible. Plantea que no existe el campo preverbal: el lenguaje sería una dimensión intrínseca de la experiencia humana a partir del momento del nacimiento. N. Levinton (2001) reseña el libro póstumo de Mitchell, S. y relata que Beebe, Lachman y Jaffe plantean que los bebés son evidentemente capaces de distinguir las ligeras diferencias de ritmo, la entonación, la variación frecuencial y los componentes fonéticos del habla. Al comienzo, dice Loewald, la palabra, el cuerpo, el afecto, la conexión relacional, son componentes no diferenciados de una experiencia unificada.

Volviendo a Winnicott (1960) y retomando el concepto de las necesidades tempranas, digamos que estas son claramente diferenciadas del accionar instintivo: "debe subrayarse que al referirme a la satisfacción de las necesidades del infante, no hablo de la satisfacción de instintos".

El medio (en la figura de la figura maternante descripta) responde a las necesidades del bebé con acciones específicas que son agrupadas en tres categorías: sostén (*holding*), manipuleo (*handling*) y presentación del objeto (*object-presenting*).

Nuestro autor, en 1955 señala que "Con el paciente en estado de regresión la palabra deseo es incorrecta, en su lugar utilizamos la palabra necesidad".

Estas necesidades son propias de cada individuo, aunque recorren un circuito universal: ser adivinado por la madre (¿frío?, ¿hambre?) ser sostenido "desde abajo" luego del nacimiento, reflejarse en los ojos de su madre, que le devuelven su ser, ser importante para sus padres, y otras muchas.

---

miento, para tratar de pensar lo que el paciente no puede pensar y que se traducirá en un aflujo de representaciones fantasmáticas para no dejarse ganar por la muerte psíquica.

No debemos sorprendernos de que los encuentros terapéuticos sean originales (únicos o privilegiados) en la vida de una persona. ¿Acaso hay razones para pensar a los pacientes, como quienes han gozado de una primera infancia rodeados de objetos que responden a sus necesidades básicas editando un medio saludable? Anteriormente (Nemirovsky, C. 1999) he considerado el tema de la "edición" y del establecimiento de un encuadre adecuado para posibilitar ese proceso, como contrapartida de la reedición transferencial.

En el paciente adulto con trastornos tempranos, sería excepcional que no nos veamos obligados a alterar algún parámetro del encuadre "tradicional" en algún momento del tratamiento. En ocasiones, esto nos pasa desapercibido, es decir, no necesariamente el encuadre habla en voz muy alta. Es sumamente útil observar(se) la conducta que tenemos como analistas. Efectuamos pequeñas modificaciones: la iluminación en el consultorio que cambiamos para "tal" paciente; los minutos de más –o de menos– que damos de sesión; cambiamos, o por el contrario, nunca tocamos, ciertos objetos que se encuentran en el consultorio; el tono o la modulación de nuestra voz al dirigirnos al paciente; nuestra convicción de que no debemos interrumpir el discurso del paciente, porque una inquietud un tanto difusa nos encuentra pensando: "si lo interrumpo puede desmoronarse, no va a aguantar que intervenga, aunque sea importante lo que tengo para decirle". Agreguemos situaciones con las que fantaseamos con insistencia, que a veces, aunque seguramente las menos, se concretan en necesarias acciones, como la de llamar a la familia, la pareja o al médico clínico del paciente; o la sensación que nos queda al final de la última (¡a veces la única!) sesión de la semana o previamente a las vacaciones, de incertidumbre frente a la separación que nos hace pensar (a veces decir) "le dejo mi teléfono, o el de otro colega, o un mail que tendré en mis vacaciones (como yo he hecho) por si necesita ponerse en contacto conmigo". En fin, distintos hilos en orden a configurar una red contenedora. Por momentos nos acompaña la fantasía de medicarlo o directamente, proponerlo, especialmente si nos separamos de él por un tiempo[48].

---

48 Zirlinger, S. (2002) sintetiza muy bien la función del analista: "a partir de todo esto,

Llamamos la atención respecto de estas particularidades que nos ocurren, a veces imperceptiblemente, en el tratamiento de los pacientes graves para que los profesionales "hagamos consciente" la necesidad de establecer un encuadre *específico* para cada paciente, teniendo en cuenta variables que no dependerán de nuestra ordenada agenda.

Si sabemos interpretar estas cuestiones, derivadas de necesidades primitivas del paciente, que la más de las veces se nos imponen en el curso de un tratamiento, sabremos construir un espacio que vaya posibilitando la reflexión a partir de nuestro uso por parte del paciente.

Algunas puntualizaciones acerca de la interpretación

Tanto Winnicott como Kohut confían en un desarrollo saludable en la medida en que la atmósfera que rodea al infante humano desde su inicio no sea "insalubre". Ambos autores no enfatizan tan-

---

podemos comprender que los aportes del analista se han diversificado, no es sólo quien develará el inconsciente a través de la interpretación, sino quien cumple numerosas funciones, tales como:
aceptar la transferencia
sostener la situación y la paradoja
adaptarse a las necesidades de dependencia y contener la regresión
tolerar la no integración, lo insensato y la no comunicación
presentar el objeto y la realidad
contener interpretaciones y emociones
posibilitar el estado de juego
espejar
sobrevivir
ofrecer interpretaciones
rescatar los gestos reparatorios
aceptar ser usado y olvidado
Y agrega, "es posible que algunas de estas funciones estén implícitas en la regla de abstinencia y la atención flotante que todos los analistas observamos, pero creo que el trabajo con niños y pacientes graves, más sus descubrimientos acerca de la vida y la naturaleza humana, le han permitido subrayarlos de esta manera."

to un puntual "hecho" traumático como si las patologías estables y constantes, del ambiente que rodea a la criatura durante su desarrollo. No es el un "gran trauma", lo que estimulará el pensamiento de estos dos autores: será la presencia de una atmósfera sórdida, crónica, reiterada, la que empujará al desarrollo patológico.

El encuadre analítico puede recrear o rectificar esta atmósfera y convertirse así en un instrumento al servicio de la recurrencia de la atmósfera traumática o en un recurso curativo de magnitud.

Kohut considerará a la interpretación del analista siempre en consonancia con el ambiente y con la capacidad del paciente de tolerar la frustración, de manera que la interpretación sea una "frustración óptima". Para Kohut la frustración está relacionada a la comprensión, dado que en el mejor de los casos, el analista el analista comprende a su paciente y reconoce sus legítimas inquietudes, pero no las actúa. Es una frustración óptima porque la comunicación del analista se adecua a las necesidades del paciente, fortaleciendo el lazo empático.

Desde Winnicott, el encuadre, como herramienta terapéutica, isomorfico con el ambiente humano, se vuelve especialmente significativo en quienes padecen de traumas tempranos (los que el autor llama depresivos y los predepresivos), y es en estas categorías psicopatológicas, en las que las formulaciones del analista, se alejan de la propuesta freudiana de hacer consciente lo inconsciente.

Winnicott (1971) alerta acerca de la interpretación formulada sin considerar el grado de salud o la madurez alcanzada por el paciente: la interpretación debe respetar el nivel evolutivo teniendo en cuenta el grado de regresión de ese momento del tratamiento. Si se formula cuando el paciente carece de capacidad de jugar provoca, en el mejor de los casos, confusión y, en el peor, acatamiento o adoctrinamiento.

Es entonces cuando nos brinda su experiencia, útil y tranquilizadora, en los momentos en los que, con pacientes no neuróticos, vemos más tinieblas que luces: "sólo en los últimos años me fue posible esperar y seguir esperando la evolución natural de la transferencia que proviene de la creciente confianza del paciente en la técnica y marco psicoanalíticos y evitar la ruptura de ese proceso natural con interpretaciones [...] me aterra pensar cuántos profundos cambios impedí o demoré en pacientes de cierta categoría de clasificación [se refiere a borderlines, esquizoides, pacientes graves] debido a mi necesidad personal de interpretar. Si sabemos esperar, el paciente llega a una comprensión en forma creadora y con inmenso júbilo, y ahora disfruto de ese alborozo más de lo que solía gozar con el sentimiento de haber sido penetrante [...] En pacientes con limitada capacidad para la identificación introyectiva o proyectiva [...] la interpretaciones (serán) verbalizadoras de experiencias, en el presente inmediato de la consulta y en este caso no rige con exactitud el concepto de la interpretación como verbalizadora de la conciencia naciente".

La participación del analista en "relación de objeto" con el paciente o más avanzado el proceso, posibilitando su "uso" y la relación intersubjetiva que se juega en el campo vincular ha sido brillantemente desarrollada por Jordán, J. F. (2010).

También la interpretación tiene una función que podríamos denominar realista: "al interpretar el analista muestra cuánto y cuán poco puede recibir de la comunicación del paciente". Y cuando señala uno de sus objetivos de la interpretación: "creo que en lo fundamental interpreto para que el paciente conozca los límites de mi comprensión". El paciente restablecerá gradualmente su capacidad de jugar, que siempre corre el riesgo de ser robada por un terapeuta que "sabe demasiado".

Veamos como procede, con un paciente grave, un analista de experiencia, como era H. Rosenfeld (1979). Él nos trasmite algunas conclusiones, luego de afrontar una situación de impasse con su paciente (creado por una transferencia delirante que no hallaba respuesta) de esta manera: "el analista debiera interpretar sólo muy poco y escuchar cuidadosamente las quejas del paciente [...] es particularmente importante evitar las interpretaciones de proyección o de identificación proyectiva en la transferencia aun cuando esto sea totalmente evidente en el material del paciente [...] el analista podrá preguntar y clarificar" (no interpretar); "ocasionalmente el paciente quiere sentarse y hablar cara a cara al analista, yo tiendo a pensar que en una psicosis de transferencia aguda y duradera esto es incluso aconsejable". Rosenfeld sugiere actitudes técnicas por las que la utilización de la interpretación queda en un segundo plano, mientras el analista trata de dar cuenta de necesidades (como lo hiciera Etchegoyen en el ejemplo que veremos) que se descongelan en esta oportunidad.

Las necesidades del paciente no pueden quedar de lado en aras de "interpretaciones profundas". Como dice Rosenfeld "el paciente critica y acusa al analista de no comprender lo que está ocurriendo", y seguramente el paciente tiene razón. Es la manera de formular sus reclamos basados en necesidades que, en la medida que encuentran una actitud analítica confiable, pugnan por emerger, intentando que (¡esta vez sí!) obtener la respuesta buscada. A una conclusión similar llegan Grinberg y Rodríguez Pérez (1987) y Wolf (1989).

La interpretación, podría decir Winnicott, no deja de ser un *squiggle* (garabato) que requiere que sea construida con la participación de ambos protagonistas.

Un ejercicio clínico y algunas conclusiones

Etchegoyen (1986) refiriéndose a la actitud analítica plantea que:

> "Hay dos formas de entender el encuadre: como un hecho conductual o como actitud mental." Naturalmente, deja de lado la cuestión "ritual" de la conducta y propone que el encuadre resulta sustancialmente de una actitud mental del analista. Estos conceptos son vívidamente ilustrados. En un ejemplo nos cuenta: "Recuerdo a una mujer luego de una intervención ortopédica que le dificultaba notoriamente caminar y recostarse. En el postoperatorio inmediato me habló para preguntarme si yo consentiría en agregar algunos almohadones a mi diván para que ella pudiera venir. La alternativa era perder un número importante de sesiones, lo que a ella no le gustaría. Parecía muy dispuesta a aceptar lo que yo dispusiera. Le repuse de inmediato

que pondría el consultorio en las condiciones necesarias y ella vino al día siguiente acompañada por una enfermera. La encontré en la sala de espera del brazo de esta mujer y yo mismo la conduje al consultorio y la ayudé a acomodarse en el diván. Preferí llevarla del brazo yo mismo al consultorio a pesar del contacto físico que ello suponía, antes que delegarlo en la enfermera, lo que no era muy sintónico con mi setting, ya que nunca ingresó otra persona a mi consultorio analítico".

Comenta luego, respecto al ejemplo: "Es evidente que esta decisión es muy discutible y si otro analista hubiera resuelto lo contrario, yo no pensaría que estaba equivocado."

Este experto analista decidió no delegar el acompañamiento en la enfermera... a pesar del contacto físico. ¿Que lo llevó a decidirse por esta tan simpática y solidaria –aunque arriesgada– actitud?

Hipotetizando, con ánimo de discutir estos conceptos y aclarar diferentes puntos de vista, me planteo que probablemente el analista percibió[49] necesidades de la paciente y al hacerlo, facilitó o propició que de ese modo pudieran desplegarse en el análisis. Estas necesidades, desde nuestro punto de vista, poseen las características que hemos descrito relacionadas con la problemática temprana: sostén real y metafórico (holding), manipulación corporal (handling) y seguramente todas aquellas necesidades que coexisten, mudas, en todo contacto humano. (Winnicott diría que esperan congeladas el momento de ponerse en juego, en la medida que hallen un ámbito confiable).

Ese ámbito, seguramente gatillado a partir de la conmoción emocional del analista por la situación particular de la paciente, lo muestra disponible, sensible, vulnerable. Condiciones de la figura que Winnicott crea (para hablar de lo que Hartmann denomina "respuesta esperada promedio" del medio) en la madre suficiente.

Estos gestos, de "sentido común", inocentes, encierran el sen-

49 Con "percibir" me refiero a una compleja operación. Recordemos cómo Carlo Ginzburg (1989) plantea el paradigma indiciario. Seguramente acordaremos que es el método por excelencia de captación del objeto psicológico, original y singular.

tido de permitir establecer un contacto humano que hace posible la comunicación. No me refiero a los aspectos físicos del contacto, sino a toda relación que permita un acercamiento confiado entre dos personas. Un vínculo asimétrico como es el vínculo analítico, permitirá la recreación (o, lo más probable, la creación) de un ambiente que hará posible volver sobre aquella marcas derivadas de tempranas fallas que llevaron a la retracción, en donde debió haber contacto.

La actitud de un analista experimentado, reproduce aquel medio que recrea Winnicott con uno de los pacientes que menciona en *Realidad y Juego* (1971): el del ambiente metaforizado como el aceite en el cual trabajan los engranajes, o aquella idea que tan bien transmite Kohut (1979) cuando describe al ambiente del infante humano, tan necesario, como el oxígeno para la respiración.

Estos objetos "ambientales" (madre medioambiente, diferente de la madre objeto de la pulsión, diferencia conceptual con la que Winnicott insiste) son adecuados para facilitar el desarrollo del bebé y más tarde formarán parte de la transferencia positiva de las descripciones clínicas freudianas –va de suyo que son parte de las historias de vida de los pacientes que Freud analiza– o quizá debiéramos decir, del material psíquico que Freud analiza en ellos y que, excepcionalmente, los encontramos contemplados en las historias clínicas de los casos, tanto del fundador del psicoanálisis, como de los autores posteriores.

En "Nuevas observaciones sobre la teoría de la relación parento-filial" (1961) dice Winnicott: "En el psicoanálisis de un caso, que ha sido bien seleccionado para un análisis clásico, el sufrimiento clínico aparece bajo la forma de angustia, asociado con recuerdos y sueños y fantasías. Pero como analistas tratamos pacientes que necesitan que los derrumbes clínicos de su infancia sean recordados, reviviéndolos en la transferencia. En todos los casos, el alivio sólo se obtiene reviviendo la angustia insoportable original o el derrumbe psíquico original. El derrumbe está asociado a un factor ambiental que no pudo en su momento ser recogido dentro del área de la omnipotencia infantil. El bebé no conoce ningún factor externo, bueno o malo, y de lo que padece es de la amenaza de la aniquilación. Si el tratamiento tiene éxito, el paciente se vuelve capaz de localizar el trauma o falla ambiental y experienciarlo dentro del área de la omnipotencia personal, disminuyendo así la herida narcisista. De este modo, como analistas nos vemos envueltos repetidamente en la función de fallar, y no nos es fácil aceptar esta función si no consideramos sus aspectos positivos. Sólo convirtiéndonos en padres que les fallan a sus hijos alcanzamos el éxito terapéutico. Este no es sino un ejemplo más de las múltiples paradojas de la relación parento-filial."

Mitchell, S. (1997), expone las razones que históricamente llevaron al desconocimiento de la interacción en la práctica psicoanalítica y los cambios que han permitido su reconocimiento: para él, la tradicional teoría de la técnica, con su énfasis en el analista neutral, objetivo y distante, parece designada para desmentir, a través del mandato, la complejidad de la participación del analista. La ilusión que configura esta actitud consiste en pensar que ella no tiene consecuencias en el paciente y en el tratamiento. "El psicoanálisis tradicional, declarando la situación analítica como campo de una persona, dice, vuelve esto invisible".

Estas situaciones clínicas, como tantas similares que seguramente registran nuestros propios anecdotarios, hacen lícita la conclusión de Bleichmar, N. y otros (2001) cuando plantean que los tratamientos psicoanalíticos no se ocupan de la curación de enfermedades, sino de favorecer el crecimiento mental del individuo, crecimiento que lleva implícito el cambio en la estructura de su personalidad.

Capítulo 9

Psicoanálisis relacional e intersubjetivo [50]

El enfoque intersubjetivo

Abordar el tema de la intersubjetividad nos remite inevitablemente a replantearnos las motivaciones de lo psíquico: nuestras hipótesis acerca de la construcción de la subjetividad, de manera que comenzaré a tratar este tópico con algunas definiciones o conceptos, que consideran las motivaciones y sus vicisitudes.

Las ideas intersubjetivas aparecen en el escenario epistemológico de la complejidad, luego del auge estructuralista de mediados del siglo XX. Por consiguiente, los destinatarios de los pensamientos epistemológicos no son simplificables objetos, ni se hace posible la predicción, basada en fenómenos causa-efecto acotados o determinados, y tampoco la universalización de los conceptos que tanto tranquilizara a los primeros científicos.

El observador, a partir del principio de incertidumbre de Heisenberg es parte inseparable del objeto de estudio. Poco después, comienzan los trabajos de Prigogine, y las teorías que contemplan el azar, la incertidumbre, de la indeterminación, así como la heterogeneidad y la crisis de la idea de orden. Se crean los primeros modelos para pensar los fenómenos desde la complejidad y estos necesitan, por lo tanto, de la transdisciplina. Se destruye el mito del sujeto aislado, de la mente aislada.

---

50 El término intersubjetividad, en lo que concierne a n/ disciplina, fue acuñado por Stolorow, Atwood, y Ross en 1978. Hoy, más de tres décadas después esta perspectiva ha tenido un enorme desarrollo. Ver la calidad y cantidad de artículos publicados en la www.revistarelacional.es

E. Morin (1980) señala: "El método de la complejidad no tiene como misión volver a encontrar la certidumbre perdida y el principio Uno de la Verdad. Por el contrario, debe construir un pensamiento que se nutra de incertidumbre en lugar de morir de ella [...] es la conciencia de que lo que más falta nos hace no es el conocimiento de lo que ignoramos, sino la aptitud para pensar lo que sabemos. Es, en fin y sobre todo, la voluntad de sustituir la euforia de un conocimiento incapaz de conocerse a sí mismo por la búsqueda inquieta de un conocimiento del conocimiento".

Volviendo a los primeros escritos psicoanalíticos, podemos encontrar a un Freud categórico, que en La Interpretación de los sueños, plantea sin hesitar, que "Sólo un deseo y *ninguna otra cosa* es capaz de poner en movimiento el aparato". Deseo infantil, sexual, inmortal.

Dos décadas después, tratando de compactar más al Movimiento psicoanalítico, Freud (1923) define lo que llama los "pilares básicos de la teoría psicoanalítica" que hemos citado anteriormente: "El supuesto de que existen procesos anímicos inconscientes; la admisión de la doctrina de la resistencia y de la represión; la apreciación de la sexualidad y del complejo de Edipo: he aquí los principales contenidos del psicoanálisis y las bases de su teoría, y quien no pueda admitirlos todos no debería contarse entre los psicoanalistas".

En "La transitoriedad" o "Lo perecedero" (Freud, 1916), en esa joya literaria escrita 15 años después del libro de los Sueños, y contemporáneamente con la metapsicología, muestra una faceta un poco más plástica en cuanto a su radical determinismo inicial. Refiriéndose a la Primera Guerra que estaba en su apogeo, termina el artículo escribiendo: "Lo construiremos todo de nuevo, todo lo que la guerra ha destruido y quizá sobre un fundamento más sólido y más duradero que antes". En este párrafo Freud alienta la esperanza y a partir de ella, intuimos una mayor apertura del aparato concebido, a la novedad, a aquello novedoso que se contrapone contrasta con la consabida repetición de inagotables deseos infantiles, inmortales y sexuales.

No está de más recordar lo que planteábamos refiriéndonos a Inhibición, Síntoma y Angustia (Freud, 1926) en el que Freud, luego de enfatizar el valor de la fantasía en su metapsicología, se ocupa del mundo externo, del ambiente, diciendo "la prematuridad del humano hace que el mundo externo tenga gran influencia, aumentando enormemente el valor del único objeto capaz de proteger contra estos peligros". La potencialidad de estos peligros, entonces, otorga al único objeto que brinda protección, una extrema importancia.

Los peligros lógica y cronológicamente previos a la amenaza de castración, serán tenidos en cuenta en los desarrollos de autores para los que la presencia de la figura maternante resulta crucial.

En otra oportunidad, en 1930, Freud enumera y ubica en un mismo nivel, las tres fuentes del sufrimiento psíquico: el cuerpo propio, el mundo exterior y los otros, los semejantes. En este escrito y a diferencia de muchos del mismo autor, pulsión y objeto quedan en igual nivel jerárquico en cuanto a la causa (a la fuente) de los peligros que acechan al humano. La motivación no queda circunscripta sólo a lo pulsional.

En estas tan disímiles citas, nos encontramos entonces un Freud que por un lado intenta adecuar sus concepciones del psiquismo humano al positivismo determinista de fin del siglo XIX. Sigue a Hemholtz en este sentido, y sus descubrimientos adquieren carácter científico, es decir, son medibles y reproducibles; pero por otro lado, y quizá con desesperación, Freud trataba de dar cuenta de fenómenos no acotables, complejos y que no encontraban explicación alguna, sino y solamente si llevamos la teoría al límite. Sólo a modo de ejemplo podemos citar al historial del Hombre de los lobos. En él Freud intenta ilustrarnos acerca de una neurosis infantil, sus consecuencias en la vida adulta y su tratamiento. Las complejidades del paciente no se limitan al diagnóstico (no podemos pensar ya en una neurosis como diagnóstico, sino que seguramente nos encontraríamos en alguna de las categorías del borderline). Implican también al tratamiento y a la posición del analista en el mismo (recordemos la colecta que Freud debe realizar para que el paciente siga en tratamiento, sin que la teoría psicoanalítica hasta entonces enunciada, pudiera dar cuenta de estas acciones, aunque hoy pudiéramos pensarlas como reacciones frente al déficit de estructura psíquica que Freud observaba en su paciente).

La clínica indica nuevos caminos a las teorías, pero el dilema se establece cuando desde las teorías con las que contamos solo podemos ver el recorte de la clínica que las confirma. Ver más allá, sumergirse en la contradicción e intentar comprender el nuevo campo, es lo que hace crecer a nuestra disciplina.

Sería oportuno recordar como se construyen las teorías que intentan dar cuenta de la subjetividad: estas son producto de

1- la base empírica del creador
2 - la sociedad en la cual está inserto, su época y
3 - su personalidad, su biografía, su historia.

Además, como la concepción teórica implica una potente herramienta, estará también en función de los vaivenes del poder del conocimiento dentro y fuera de las instituciones científicas. Entonces, cuando estamos frente a una concepción teórica analizamos su contenido, teniendo en cuenta su basamento formado por su punto de partida clínico, su época y por el creador: esta combinación dará como resultado un producto que siempre será perecedero. Sin fecha de vencimiento, pero la época variará, el creador también (y así lo vemos con Freud en sus teorías de la angustia, del narcisismo y en su teoría pulsional).

Freud elige el mito de Edipo y sus consecuencias en la estructuración del psiquismo, para ilustrar lo que considera la piedra angular del psicoanálisis. Sabemos que un mito se caracteriza por sus múltiples versiones y por su variación epocal, ya que siempre es mirado/construido con los materiales seleccionados por el punto de vista del observador. La particular versión freudiana centra su mirada en el cruce de caminos, en el "carrefour", en ese escenario en el que se dramatiza la lucha intergeneracional (Edipo/Layo) y sus derivados clínicos: hostilidad, rivalidad, celos. Por múltiples motivos a los que nos hemos referido (autobiográficos, época y lugar, momento de evolución de la ciencia) Freud toma esa porción del mito y no aquélla de la cual esta resulta una consecuencia: el desamparo de Edipo abandonado por sus padres.

Hoy, ¿qué parte del mito admitiríamos como más representativo de nuestro hombre urbano? Hoy en día, ¿no son los esquizoides y borderlines (que se gestan en desencuentros y se nutren de ausencias) los que le quitan el privilegio a la histeria del siglo pasado?

Hemos caracterizado a nuestra base empírica urbana contemporánea, como poblada de pacientes "vacíos, alexitímicos, disociados" frente a los que resulta imposible operar con la cosmovisión histérica (tripartita) de los vínculos objetales.

Pero nos debemos estudios conjuntamente con sociólogos y otros estudiosos de los acontecimientos sociales, especialmente en lo que concierne al predominio de lo efímero y lo inestable en las relaciones afectivas. Muchísima bibliografía da cuenta de estos emergentes. Entre tantos textos en relación al estudio de la posmodernidad podemos citar a Vattimo (1990); Gergen, K.J. (1992); López Gil, M. (1992); Lyotard, J.-F (1994); Casullo, N. y otros (1999); Bauman, Z. (2003), etcétera.

Green (1995) expresa: "la obra de Freud es el reflejo de una práctica definida en un campo social históricamente determinado [...] sus descubrimientos están necesariamente ligados, en parte, a las determinaciones sociohistóricas de la época. Esto no quiere decir que tal determinación baste para relativizar su obra, quiere decir que ella está atravesada por esa determinación de cabo a rabo. Al cambiar la práctica, cambia el psicoanálisis, lo cual significa que al cambiar las condiciones sociohistóricas, cambian también los analizantes y los analistas y por lo tanto cambian necesariamente sus relaciones y sus modos de intercambio dinámicos, tópicos económicos".

En nuestro psicoanálisis, la línea que nace en la escuela húngara y llega hasta Winnicott, es una de las corrientes que comienzan a formarse entre la tercera y la cuarta décadas del siglo pasado y va dando origen a los pensadores actuales de la corriente intersubjetiva.

Sin lugar a dudas, esta jerarquización de lo medioambiental, me ha llevado a revisar modelos de pensamiento psicoanalítico que asignan a la relación con los objetos que el medio brinda –y no sólo al devenir pulsional– una presencia imprescindible en el desarrollo humano y cuya ausencia, falla o inadecuada función tiene enorme peso en las determinaciones etiológicas del enfermar.

Como consecuencia, el conflicto edípico deja de ser la única razón de nuestras patologías. Aunque las complementemos con las vicisitudes narcisistas, hoy hemos llegado a considerar otras instancias de la gestación y motorización del psiquismo, relacionados entre sí en una trama compleja.

Como ya lo señalamos, no nos es posible encontrar un instrumento explicativo, una metapsicología suficientemente abarcativa. De allí que Bleichmar intenta una integración dentro de nuestro campo e incorporando conocimientos de las neurociencias y de la psicología cognitiva, con una concepción modular.[51]

Uno de los autores prolíficos en la línea de la intersubjetividad es Lichtenberg, J. D. (1996). Para sintetizar su pensamiento, expongo los diez puntos centrales de la clínica intersubjetiva, síntesis de un trabajo que Lichtenberg escribiera con Lachmann F. y Fosshage J. L. y que exponen B. Freire y E. Moreno (1999). Ellos postulan:

1 - Promover una relación amistosa, consciente y fiable para el paciente y el analista.

---

51 Volviendo al enfoque "Modular-Transformacional" de Bleichmar (1997), digamos que en cuanto a la psicoterapia: una técnica con intervenciones terapéuticas específicas, activa, focal, flexible en sus múltiples formas de intervención y que, junto al papel fundamental de hacer consciente lo inconsciente, enfatiza la importancia de la memoria procedimental, de la reestructuración cognitiva, del cambio en la acción y la exposición a nuevas experiencias. Psicoterapia específica para cada caso, guiada por las preguntas: ¿qué tipo de intervenciones para qué subtipo de cuadro psicopatológico, para qué estructura de personalidad, para qué momento vital del paciente, para qué condiciones del tratamiento (psicoterapia de duración prolongada o breve, psicoterapia en el ámbito privado o en instituciones, psicoterapia de familia, etcétera).

Una psicoterapia que no se limita a intentar modificar síntomas sino a cambiar la personalidad, los rasgos que producen sufrimiento, los automatismos en las relaciones interpersonales surgidos desde la infancia que estuvieron fuera del control de la persona y que le ocasionan perturbaciones en su vida cotidiana. Una psicopatología que intenta superar los reduccionismos y explicaciones monocausales que desconocen los múltiples sistemas motivacionales que impulsan la fantasía y la acción. Una psicopatología que describe subtipos de cuadros depresivos, de trastornos narcisistas, de anorexia, de trastornos borderline, de drogodependencia, de condiciones activadoras de la agresividad, de masoquismo, de trastornos de la identidad de género, de la sexualidad, etcétera.

2 - Sistemática aplicación de un modo de percepción empático.

3 - Se considera un punto central la comprensión del punto de vista del paciente, pero sobre todo, el punto de vista emocional; lo que siente y lo que ha sentido. Se trata de descubrir qué afecto busca el paciente, para tranquilizarse o para estimularse.

4 - El mensaje contiene el mensaje: un psicoanalista clásico es entrenado para mirar con insatisfacción lo que el paciente dice: si habla del presente, se defiende del pasado, si habla del pasado, se defiende de la transferencia, si de la transferencia, huye del recuerdo. Esto da como resultado una devaluación del mensaje, y del mensajero, el paciente. Por tanto, se propone que continuar más tiempo y más intensamente con lo manifiesto, trae más entendimiento que la escucha hecha desde un enfoque defensivo o genésico.

5 - Rellenar el mensaje narrativo para aprender más (los dos). Quién, cómo, qué, cuándo y dónde. Para poder entrar en la experiencia del paciente se necesita una rica descripción de ella.

6 - Tolerar y dejarse llevar a las atribuciones en que nos pone el paciente es esencial para la exploración de la transferencia. Pero Lichtenberg define transferencia como las expectativas que surgen de experiencias pasadas, y no son reproducciones. Son nuevas creaciones nacidas del campo intersubjetivo y, en su mayor parte, de comunicación que se realiza en forma inconsciente. Los pacientes perciben interferencias del analista que él mismo desconoce.

7 - Construcción de "escenas modelo": de los numerosos estados de incertidumbre de ambos participantes, se puede salir, con el reconocimiento de escenas que sirvan como ejemplo. Estas escenas, pueden ser traídas por el paciente o por el analista, y pueden provenir de cualquier fuente: recuerdo, sueño, imaginación, película o novela. Como el objetivo no es reconstruir una memoria reprimida, si no los propósitos actuales, la escena no interesa como reconstrucción, si no por su capacidad conceptual.

8 - Las motivaciones aversivas del paciente son importantes. Debe evitarse interpretarlos como defensa o evitación. Cuando se explora un afecto, o cualquier contenido emocional, hay que hacerlo hasta donde el paciente pueda experimentarlo, y no más. En el antagonismo o huida interesa más ver el ambiente de seguridad en el que se refugia, y desde donde puede exponer su desagrado en forma plena.

9 - Intervenciones del analista. Aquí se intenta romper con el modelo tradicional del analista informando al paciente sobre lo que este no sabe. Las intervenciones deben abarcar toda la gama de comunicaciones (verbales y no verbales) con el propósito de contribuir a la expansión de la consciencia. Se propone preguntar mucho, y en detalle, así como corregir y rectificar opiniones propias. Pero al mismo tiempo el analista debe ser capaz de intervenir desde su propio punto de vista, y además "implicarse emocionalmente de un modo no intencional o planeado".

10-Evaluar siempre los efectos de nuestras intervenciones en los pacientes y seguir y estudiar sus respuestas.

Lichtenberg (1989) enfatiza taxativamente que las motivaciones solamente surgen de la experiencia vivida. Y hará depender la vitalidad de la manera en que se desplieguen los intercambios con carga afectiva entre los niños y sus cuidadores".

Bacal, H. (1998) también plantea que lo terapéutico no es el insight derivado de la interpretación (ni siquiera principalmente). Sí lo es la experiencia relacional con un terapeuta preparado para responder en diversas formas terapéuticamente específicas, tanto para el particular sufrimiento del paciente como para sus esfuerzos en lograr sus particulares objetivos de vida.

Otro de los conspicuos intersubjetivos (aunque él se defina como relacionalista) es S. Mitchell, fallecido tempranamente. Plantea que todos los significados se producen en la relación y por ello nada es innato de la misma manera que en el modelo pulsional. Señala que los acontecimientos corporales más elementales, como el hambre, la defecación y el orgasmo, se experimentan mediante las texturas simbólicas de la matriz relacional y en ese contexto se interpretan. Así pues, en un sentido amplio, el propio establecimiento de la matriz relacional es innato, y quizás es mejor definir el desarrollo humano como "el despliegue continuo de una naturaleza social determinada de manera intrínseca" Mitchell, S. (1988).

Fundamenta su postura señalando "Las teorías del modelo relacional [...] constituyen en común una perspectiva muy diferente de la freudiana y, en conjunto, han cambiado la naturaleza de la investigación psicoanalítica. No nos describen como un conglomerado de impulsos, sino como si estuviéramos conformados por una matriz de relaciones con los demás, en la cual estuviéramos inscriptos de manera inevitable, luchando simultáneamente por conservar nuestros lazos con los demás y por diferenciarnos de ellos. Según este punto de vista, la unidad básica no es el estudio del individuo como entidad separada cuyos deseos chocan con la realidad exterior, sino un campo de interacciones dentro del cual surge el individuo y pugna por relacionarse y expresarse. El deseo siempre se experimenta en el contexto de la relación y este contexto define su significado. La mente está compuesta de configuraciones relacionales. La persona sólo es inteligible dentro de la trama de sus relaciones pasadas y presentes. La búsqueda analítica implica el descubrimiento, la participación, la observación y la transformación de estas relaciones y de sus representaciones internas. Desde este punto de vista, la figura siempre está en la trama y las hebras siempre están en la figura (mediante identificaciones e introyecciones) [...] El modelo relacional no considera que los significados psicológicos sean universales."

Para este autor no hay Self en un sentido psicológico en el aislamiento, fuera de una matriz de relaciones con los demás. "El modelo relacional, agrega, se basa en la premisa de que los esquemas repetitivos de la experiencia humana no se derivan (como en el modelo pulsional) de la búsqueda de gratificación de presiones y placeres inherentes (ni, como en la interpretación de Freud posterior a 1920, del funcionamiento automático del instinto de muerte) sino de una tendencia general a conservar la continuidad, las conexiones y la familiaridad del mundo personal e interactivo. Existe una poderosa necesidad de conservar el sentimiento duradero de uno mismo relacionado con una matriz de otras personas y con referencia a ellas, en términos de transacciones reales y de presencia internas".

En 1988 señala que el comprender el pasado permite obtener las claves para descifrar cómo y porque el presente se configura de una manera determinada. Estas experiencias iniciales, no constituyen "restos estructurales". Son importantes por constituir la primera representación de relaciones que se repetirán, una y otra vez, con diferentes formas en fases del desarrollo posteriores.

El objetivo del análisis será el del cambio del modo relacional del paciente.

Stolorow, R. y Atwood, G. (1992) son los exponentes más conspicuos de la corriente intersubjetiva, ellos plantean: "Los contextos intersubjetivos específicos en los cuales el conflicto toma forma son aquellos en los que el estado afectivo central del niño no puede ser integrado porque falla el requisito de una responsividad empática por parte del entorno cuidador. Estos estados afectivos no integrados se vuelven fuente de conflicto interno durante toda la vida, porque son experimentados como amenazas para la organización psicológica preestablecida de la persona y para el mantenimiento de los vínculos que son imprescindibles para la supervivencia. Estas operaciones defensivas de disociación de ciertos afectos vuelven a entrar en juego cuando reaparecen en la situación analítica en forma de resistencia [...] El origen de lo que tradicionalmente se ha denominado 'inconsciente dinámico' puede encontrarse en el secuestro defensivo de los estados afectivos centrales, que se remonta a tempranos fracasos en la integración de los afectos [...] desde esta perspectiva, el inconsciente dinámico no se considera constituido por derivados pulsionales reprimidos, sino por estados afectivos que fueron tapiados defensivamente porque no habían conseguido evocar responsividad empática por parte del entorno de la infancia".

"El desarrollo del sentido de realidad del niño se produce principalmente no como resultado de la frustración y la decepción, sino más bien a través de la sintonía emocional validante por parte del entorno, una sintonía suministrada a través de un completo espectro de experiencias afectivamente intensas, positivas y negativas, Así la realidad cristaliza en el interfaz de subjetividades que interactúan y que están afectivamente sintonizadas. Durante este proceso de desarrollo pueden aparecer trastornos en diversas fases, si la sintonía validadora está reiteradamente ausente. Bajo estas circunstancias, el niño, a fin de mantener aquellos lazos que son vitales para su bienestar, se ve obligado a ir acomodando la organización de su experiencia a la del cuidador. Con la llegada de la comunicación simbólica y la conciencia de los otros como centros de subjetividad, una adaptación tan extrema, puede desembocar en un mundo subjetivo constituido, en buena parte, por una realidad ajena impuesta desde fuera".

Se justifica la prolongada introducción, para dirigirnos ahora a desarrollar el concepto actual de Intersubjetividad, lo cual implica rever conceptos básicos, teóricos y clínicos. Entre los primeros, se reformulará la noción de Inconsciente que ya no será considerado como el reservorio pulsional, lindante con la biología sino que se lo considerará en términos de alteridad. La ecuación no será ya biología/cultura sino unidad/alteridad, lo que implica una reformulación relacional de la naturaleza del Inconsciente. La mirada intersubjetiva no se centrará en las fuerzas instintivas endógenas, sino en los restos de alteridad (los remanentes de interacciones complejas con otras personas, a través de presencias y cuidados, afectos desarrollados en la relación, etcétera) como formaciones inconscientes.

La corriente intersubjetiva no se apoya sólo en un grupo reducido de autores: está en germen desde algunos escritos freudianos, especialmente Inhibición, Síntoma y Angustia y han sido desarrollados diversos puntos de vista por la escuela húngara (Ferenczi, Balint) por miembros de la escuela inglesa (Fairbairn, Bowlby, Winnicott, Bollas, M. Kahn) por pensadores norteamericanos (Kohut, Gedo, Goldberg, Modell, Ogden y los citados Stolorow Atwood, Mitchell, y en sus bases filosóficas por D. Orange) y también por independientes desde diversos orígenes y formaciones (J. McDougall, Killingmo, Berenstein, Puget, Bleichmar) Seguramente debemos agregar también a D. Liberman, a E. Pichon Rivière y a J. Bleger, que mucho contribuyeron a la perspectiva de la intersubjetividad.

Estas nuevas formas provocadoras del pensar lo psíquico son producto de fenómenos que intervienen en la construcción actual de nuestra subjetividad: el vivir contemporáneo, la perplejidad, la indeterminación, la incertidumbre, proponen nuevos paradigmas, induciendo diversas perspectivas y modos de conceptualizar el psicoanálisis.

Intersubjetividad significa concebir un sujeto abierto a su historia, a su presente y a su futuro, viviendo en la paradoja planteada por la ecuación repetición vs. novedad: la subjetividad se constituye en un devenir, no es sólo repetición, no es sólo re-edición, es simultáneamente edición... no es sólo re-presentación, es también presentación. No es mera descarga y búsqueda de equilibrio, es también búsqueda de objetos y de complejidad. Considera a un sujeto abierto a su cultura y marcado por los acontecimientos. Debemos entonces recordar para nuestro quehacer lo que Adorno plantea para las vanguardias en la historia del arte cuando afirma que "toda auténtica obra de vanguardia pone en discusión la esencia misma del arte".

Así por ejemplo, se considera desde un pensamiento intersubjetivo que el tratamiento psicoanalítico consiste en la creación, compartida por paciente y analista, de un ambiente seguro que a partir de un encuentro continuo, permita la exploración intensa y profunda conjunta de aspectos inconscientes y posibilite la edición de situaciones no vividas o novedosas. Creación dependiente de la relación y de su contexto. No es universal y supera la clásica discusión per *via di porre* o *per via di levare*, proponiendo una tercera, la vía del creare entre-ambos participantes de la pareja analítica. (Oelsner, R., 1990).

Para finalizar este capítulo, diré con palabras de Riera, R. (2001) que si podemos pensar a ese Edipo parricida, como un niño abandonado por sus padres y a Narciso como un adolescente necesitado de una mirada integradora de su Self que lo rescate de la desintegración... si aceptamos que el analista no es una tabula rasa o alguien que provee de buenas leches rechazadas por la envidia, la maldad o la deflexión del instinto de muerte del culpabilizado paciente, si pensamos en las diferencias entre deseos edípicos y las necesidades previas, finalmente si pensamos al paciente como alguien deseoso de ser comprendido por su analista y no solo como un represor de sus deseos infantiles, estaremos seguramente practicando algo de lo que llamamos análisis intersubjetivo.

Capítulo 10

La psiquiatría después de Winnicott [52]

La psiquiatría es en la actualidad una ciencia esencialmente descriptiva y clasificatoria cuya orientación sigue siendo más somática que psicológica y que carece de posibilidades de explicar los fenómenos observados. Empero, el psicoanálisis no se encuentra en oposición a ella, como se creería por la conducta casi unánime de los psiquiatras. Antes bien, en su calidad de psicología de lo profundo –psicología de los procesos de la vida anímica sustraídos de la conciencia– está llamado a ofrecerle la base indispensable y a remediar sus limitaciones presentes. El futuro creará, previsiblemente, una psiquiatría científica a la que el psicoanálisis habrá servido de introducción.

Freud, 1923

Se me ha invitado a referirme al tratamiento psicoanalítico y, para equilibrarlo, un colega ha sido invitado a hablar sobre psicoterapia individual. Me parece que los dos empezaremos con el mismo problema: ¿cómo distinguir al uno de la otra? Yo personalmente no soy capaz de trazar esta distinción. Para mí la pregunta es si el terapeuta ha tenido o no formación analítica.

Winnicott, 1959-1964

52 Reformulación del capítulo del libro *Winnicott hoy, su presencia en la clínica actual*, compilado por A. Liberman y A. Abello, Madrid, Ed. Psimática. 2009.

El contexto. Las épocas. Los profesionales

El legado que Winnicott nos ha dejado, agrupa un cúmulo de conceptos e instrumentos. Utilizándolos, podemos hoy pensar mejor y más profundamente nuestro quehacer, nuestra práctica clínica. Como es esperable en todo desarrollo científico, las ideas que resultan paradigmáticas, no permanecen limitados a la vida y a la obra de la persona que las enuncia. Los conceptos se desarrollan, se amplían, se enfocan desde otras prácticas en orden a la cultura y entonces aparecen transformadas, distintas y después de un tiempo variable... están más cerca del archivo histórico que de la clínica...

Seguramente, cuando mencionamos las contribuciones de Winnicott, dejamos de ser justos con muchos otros autores psicoanalíticos, cuyas ideas han pasado a formar parte de la médula de las concepciones de lo que deseo llamar "Escuela del Self" (lo hago así por lo mucho que las perspectivas de Winnicott, Kohut y seguidores tienen en común, a pesar que los kohutianos reclaman esta denominación como propia).

Decíamos quizá reiteradamente en capítulos anteriores que cada autor original recoge las ideas de su época y de aquellos que le precedieron. Este "plagio" es inevitable ¿Cómo podríamos citar a Winnicott, sin reconocer en sus escritos, las contribuciones filosóficas de Buber o de Bergson o las clínicas de los colegas Ferenczi, Fairbairn o M. Klein? O a Kohut, sin tener en cuenta a Hartmann, Mahler o Erikson?

Desde luego, dejamos de lado mucho más contribuciones, porque un autor emerge de una interfase constituida por una dialéctica en espiral que contempla su pasado, su historia personal, su familia, sus maestros, sus pacientes, sus prácticas; en fin, su medio, con su marco legal, e incorporando también los mitos, en la versión de la época en que le toca vivir. Si agrega o aporta alguna idea personal y creativa, será considerado por sus pares, a partir de esas contribuciones particularmente originales. Este reconocimiento se extiende más allá de la obra escrita, abarcando también, la historia oral que se teje a su alrededor (lo que él nunca ha escrito, pero que suponemos hubiese pensado) y el imaginario creado en torno de su vida y obra, aportarán también a la manera en que el autor trasciende a la comunidad. Como Winnicott nos ha enseñado, la constitución del verdadero Self tiene su origen en el gesto espontáneo y en la idea personal y sólo se plasma como existente, siempre y cuando encuentre en un semejante significativo, el reflejo de ese gesto creado, para, finalmente, terminar de darle vida. Es justamente el reflejo del otro, el rostro de la madre, que se va integrando al inicial gesto del sujeto en formación, lo que torna imprescindible ocuparnos de la caracterización del contexto. Contexto que transcurre en una intersubjetividad necesaria y radical, y que resulta, entonces, un paradigma básico para comprender, especialmente, el aporte winnicottiano: desde esta perspectiva, digámoslo nuevamente, la subjetividad en construcción, necesita del otro para poder ir teniendo forma propia. Este otro no es un mero reflejo. Es persona real, función y contexto. Al igual que Winnicott, Kohut jerarquiza también esta dialéctica.

A pesar de lo que hemos enfatizado, no nos detendremos en caracterizar a nuestra época –aunque se ha hecho hasta hoy, quizá en demasía– como la posmodernidad, con los consiguientes cambios en la vida cotidiana. Sólo intuimos que siendo poco arbitrarios, podemos comenzar nuestra época en la posguerra, después de Auschwitz, o cuando se produce la muerte de Freud. Ya nos hemos referido a estas cuestiones epocales y a la subjetividad que gesta.

Es esta también, el momento en la que la psiquiatría comienza a beneficiarse del psicoanálisis: hoy resulta frecuente y en todo el mundo, encontrarnos con una enorme población de colegas compartiendo la práctica de la psiquiatría y del psicoanálisis, complementándolas en sus clínicas y en sus cátedras.

El psicoanálisis va entretejiéndose con la psiquiatría, en un continuum de anchas (y por momentos inestables) fronteras.

No puedo dejar de personificarlo, ya que mi propia evolución transcurre en una interacción permanente, que con frecuencia, comparte las prácticas dentro de límites no discernibles con claridad. Pero si podemos estar seguros, de que el psicoanálisis otorga a la práctica de la psiquiatría un instrumento tan valioso cuanto irremplazable, que le permite al psiquiatra el encuentro con el mundo psíquico del paciente, más allá de lo evidente y que le posibilita la comprensión de la arquitectura subjetiva de quien consulta, para que el profesional pueda evaluar, al modo de las series complementarias, la interacción del sujeto con su medio, con su familia y con su tarea cotidiana. Todos estos componentes son inherentes el paciente, nada de esto es extraño a él.

Compruebo en mí mismo y en mis colegas, que aun adscribiendo a diversos esquemas referenciales, la lectura psicoanalítica del quehacer clínico es imposible de soslayar. Está integrada al diagnóstico, e implica una actitud profesional que se manifiesta en la posición del psiquiatra con respecto a su paciente.[53]

Hoy es excepcional que encontremos al profesional médico o psicólogo que reconozca al psicoanálisis como su única formación. Seguramente ha aprendido, ya en sus primeros años de ejercicio, que como bien dice Maslow "para el hombre que sólo tiene un martillo como herramienta, cada problema luce como un clavo" y en consecuencia, antes de lograr su madurez en la disciplina psicoanalítica, haya recorrido diversos caminos, o al menos, mirado la patología mental desde distintas perspectivas. No es de extrañar, que quien complete la formación psicoanalítica institucional, haya recibido anteriormente enseñanzas de corte cognitivo, sistémico, o que tenga prácticas psicofarmacológicas. Y que las siga recibiendo en paralelo al desarrollo de su carrera psicoanalítica.

Retomemos el interrogante, que nos ha dejado Winnicott en la cita precedente: "Para mí, la pregunta es si el terapeuta ha tenido

---

53 Probablemente, aquellos profesionales que no otorguen importancia a la curación como meta de todo análisis, o que la consideren una mera añadidura a la tarea del encuentro prolongado con el paciente y específicamente, quienes no estimen la importancia del alivio sintomático, no concuerden con este parecer. Podríamos decir que se trata de una posición ética: en el sentido de la definición del chileno Varela, F. (1992) cuando señala que la ética no es una conducta ni una adquisición yoica, ni es una técnica ni de un conocimiento de "reglas y procedimientos". No parte del juicio o del razonamiento sino de una confrontación inmediata con los hechos. Depende del desarrollo "habilidad ética" como una disposición de "individuos que no actúan a partir de la razón sino de la sabiduría, no puede ser aprendida. Son "acciones ordinarias", espontáneas, basadas en la percepción actual de que no existe un yo estable o trascendental.

o no formación analítica". Seguramente no es de fácil respuesta, ya que, especialmente en estos días, no nos resultará sencillo definir de qué se trata esa "formación analítica" a la que Winnicott hace referencia.

Un pasaje de mi historia personal (o cómo comencé a servirme de Winnicott)

Después de adquirir lo básico de mi formación en psiquiatría, fui descubriendo a Winnicott, y desde entonces, no dejo de dialogar con él. Si bien mi práctica ha adquirido la experiencia de los años, no me parece diferir demasiado de la que llevaba a cabo como cuando era médico residente en el Policlínico Lanús. Desde luego, hoy cuento con más elementos para reflexionar y conceptualizar acerca de mi tarea. Con cierta ironía conmigo mismo, podría decir que he llegado a algo parecido a mi punto de partida: simplemente intento teorizar rescatando lo pragmático de la acción clínica, desechando la pura especulación, focalizando mi mirada en un paciente inseparable de su entorno, contemplando el alivio sintomático como necesario para poder avanzar en la relación terapéutica.

Durante la sesión de psicoterapia o psicoanálisis, trato de tener en cuenta lo importante que es para el paciente ser escuchado y recordado por lo que dice y hace. Esta actitud del terapeuta tendrá consecuencias en la regulación de la autoestima de su paciente, permitiéndole la preservación de un narcisismo adecuado para poder seguir viviendo, sin que se le haga necesario deformar su Self o tener que servirse de complejas estructuras defensivas yoicas.

Por ende, además de considerarlo una herramienta que nos lleva a lo latente, intento valorar per se al contenido manifiesto, no siempre defensivo ni encubridor, a través del cual el paciente escenifica su situación y requiere la comprensión por nuestra parte. En mi participación trato de ubicarme lejos de propuestas interpretativas como: "Lo que en realidad Ud. quiso decir…" o "Detrás de lo que Ud. dice", etcétera, etcétera, que descalifican la comunicación del paciente y plantean una escisión inútil para el logro del conocimiento con el que ampliará su campo de conciencia.

En mi evolución profesional fui comprendiendo que el sentimiento de odio, a veces expresado como agresión, no resulta ser un afecto básico, una motivación, sino que aparece como consecuencia del miedo, del maltrato y del abuso (¡ya supimos que no son solo únicamente fantasías!) o en oportunidades, es la identificación con los objetos tempranos, miedosos o agresivos, que se han manifestado con él, de una manera semejante que la que se recrea en la sesión.

La experiencia que llevamos a cabo en el Servicio del Policlínico de Lanús, se nutrió de prácticas excelentes, muchas aun no conceptualizadas y muy cercanas, por lo que después fui comprendiendo, a las ideas que Winnicott ha aportado acerca de la salud mental, especialmente en lo que concierne al valor de la figura de la madre y de la familia, y a sus conceptos acerca de la salud y de la enfermedad, que ya hemos desarrollado y que él expone en sus libros de difusión: *El niño y el mundo externo* (Hormé, 1986), *La familia y el desarrollo del individuo* (Paidós, 1990), *Conversando con los padres* (Paidós, 1993), *Los bebés y sus madres* (Paidós, 1989).

Debo narrar algunas experiencias personales para justificar el porqué de mi mirada actual, fusión de la vida hospitalaria, de mis primeras prácticas y de conceptos de los autores que fueron, con el tiempo, mis preferidos.

Algunos años después de cumplimentar la excelente Residencia Médica en el Servicio del Policlínico de Lanús, este fue intervenido por un médico-militar arribado con el golpe de estado que conmovió a la Argentina en 1976. Un colaborador de la intervención me confesó que la finalidad de la misma era "terminar con el Lanús homosexual, judío, marxista y psicoanalista" (esta postura del fascismo local no era novedosa –ya tenía antecedentes desde la insidiosa oposición que ejercieron sobre Goldenberg y sus novedosas concepciones, décadas atrás– aunque seguramente la verdad latente de este discurso, resulta de ubicar la coma entre Lanús y homosexual) ¿Y por qué? En su formación como psiquiatra, Goldenberg recibe una gran influencia de psicoanalistas con excelente formación psiquiátrica como Enrique Pichon Rivière y Celes Cárcamo. Luego sin dudar, incorpora a su cátedra a M. Abadi, a Grimberg, a Liberman, a Zac, a Itzigsohn, a Caparrós. Ya en 1950, durante el primer Congreso Mundial de Psiquiatría, y obedeciendo a su siempre abierta curiosidad, él había conocido a Melanie Klein y a Anna Freud así como a Henri Ey y a López Ibor (Diamant, 2005). Las novedades que traía este "crisol de pensamientos" resultaban subversivas para el régimen imperante.

La enseñanza de la psiquiatría en Lanús, estaba siempre "pegada a la clínica". Era, y es, aun en el presente para los que allí nos formamos, una manera de trabajar con la enfermedad mental: describíamos y teorizábamos, pero toda especulación era secundaria a la práctica terapéutica. En este sentido, y quizá exagerando, la técnica era la variable: no podíamos sistematizarla, pero esta desgracia se transformaba en virtud, porque respondía a lo que en nuestro quehacer, íbamos sabiendo: teníamos bastante claro aquello que no debíamos hacer en nuestra práctica, no tanto lo que si correspondía.

Describíamos allí nuestro proceder y lo conversábamos con nuestros compañeros, con el jefe de residentes o con colegas de mayor experiencia de nuestro Servicio, además de supervisar, trasmitiendo como podíamos las inefables situaciones vividas en el hospital con el paciente, a algún prestigioso analista que se acercaba hasta Lanús.

Y en nuestra práctica, nos encontrábamos con graves patologías que acreditaban en su origen la carencia de estímulos, el abuso y el maltrato y que arrojaban como resultado una estructuración deficitaria. Era poco frecuente hallar el clásico conflicto neurótico. Las historias clínicas abundaban en trastornos derivados de problemas medioambientales, que afectaban al paciente desde muy pequeño, tanto las ausencias de cuidados, como las presencias perturbadoras. Y eran particularmente comunes el descuido y el abandono. Podíamos constatar la falta de una red elemental, continente y continua, que hubiese posibilitado al que nos llegaba como paciente, desarrollar su psiquismo sin disrupción.

En los tratamientos ofrecíamos psicoterapia, con o sin medicación complementaria y terapia grupal o familiar. Pergeñamos por entonces, la idea de la transferencia institucional, para destacar el vínculo que unía al paciente con el Servicio y sus concepciones, más que con uno de sus integrantes.

En nuestras discusiones, no concebíamos la idea de una ciencia fundada en la evidencia. Lo "evidente" suele imponerse como un prejuicio, que obtura el pensar intersubjetivo que se (nos) irá construyendo en el curso del tratamiento[54].

En este mismo sentido, tampoco aportan al desarrollo de un tratamiento con un paciente, los pronósticos en función de la psicopatología o aun del pasado terapéutico de un paciente. Si nos preservamos de este saber, seguramente trabajaremos con mejores expectativas. Zukerfeld, R. y Zukerfeld, R. (2004) presentaron un valioso trabajo mostrando como los analistas que tienen en cuenta la historia del paciente, operan de diferentes maneras, se liberan de los prejuicios deterministas y mejoran sus expectativas y por ende los resultados terapéuticos.

Concluyo que, sin hacer de las pequeñas diferencias baluartes narcisistas, no vislumbro demasiada diferencia, entre la buena práctica de un psiquiatra con formación psicoanalítica y un buen psicoanalista.

---

54 S. Levin y M. Nemirovsky (2004) plantean en un trabajo de investigación: "Gran parte del conocimiento actual sobre terapéutica psicofarmacológica se origina en los llamados Ensayos Clínicos Controlados que en los últimos años se han ido transformando en la piedra angular sobre la que se apoya el razonamiento clínico predominante representado por la Medicina Basada en la Evidencia (MBE).

La MBE fue adoptada con entusiasmo creciente tanto por buena parte de la medicina académica como por el sector prestador de servicios de salud, que la consideró una posible aliada en el proceso de disminuir costos. "Se pensaba que la MBE iba a ayudar a eliminar de la práctica médica procedimientos ineficaces y costosos, y que sobre estas bases, uniendo práctica con evidencia, se reducirían los costos en salud". Estos, sin embargo, siguieron aumentando, y la MBE pasó a convertirse en la base del "marketing de la evidencia", queriendo decir con esto que sus resultados comenzaron a ser utilizados como poderosos argumentos de promoción (poderosos en tanto "científicamente válidos"). Creemos que el conocimiento de los términos de esta discusión es especialmente importante en estos tiempos, en los que la hegemonía del discurso evidencista ha transformado a la crítica en una práctica marginal en medicina. Aunque no hay duda de que la psicofarmacología moderna ha mejorado el pronóstico de muchos padecimientos mentales, el estatus de "discurso indiscutible" con el que habitualmente se la presenta exige ser cuestionado.

El aporte de la mirada de Winnicott, especialmente en lo concerniente al paciente grave

Si resulta difícil sistematizar la obra de Winnicott, también lo será el intento de detenernos en sus contribuciones de una manera organizada. Desde mi propia experiencia y la de colegas conocedores de su obra, es claro que la psiquiatría se ha enriquecido enormemente con su mirada, con la perspectiva que él representa, que como ya dijimos, y si parodiamos una obra de arte, debería llevar firmas de varios autores, correspondientes a varias décadas. Los aportes de Winnicott en cuanto a la psicosis y otras patologías graves a la que ya me he referido (Nemirovsky, 1999) nos han permitido un enorme crecimiento comprensivo respecto a los aspectos psicológicos en ese terreno, tan nutrido en esta última década con las nuevas investigaciones del funcionamiento de la química cerebral. No son muchos los analistas con experiencia en el campo de los pacientes graves. Y la práctica clínica de Winnicott resulta esclarecedora, en cuanto a las propuestas etiológicas en el caso de pacientes que han sufrido graves interrupciones de su continuidad existencial tempranamente (neurosis graves, fronterizos y psicóticos).

Un psiquiatra, al reflexionar acerca de la idea de gravedad de la patología con la que le toca lidiar, podría utilizar elementos que el psicoanálisis le aporta desde las diferentes concepciones: si tomara en cuenta la teoría freudiana de la Represión, consideraría de gravedad a quien, después de insistentes señalamientos, no distingue recuerdo de transferencia; si su autor de referencia psicoanalítico fuese José Bleger (1967) se detendrá en los aspectos aglutinados de la personalidad y su anclaje glishcocarico; si está familiarizado con la obra de Masud Kahn, considerará la historia a la luz de la ruptura de las protecciones del Self que él plantea a partir de su concepto del trauma acumulativo. Basándose en los vívidos relatos de J. McDougall (1980) considerará al severamente traumatizado, así como al irrepresentado de los Botella (1997), si considerara esta bibliografía. También podría acudir a aportes de M. Klein, de Fromm-Reichman, de Bion, de Resnik. Y si partiera desde Winnicott, pensaría de gravedad a quien no pudo desarrollar un espacio transicional. Y este último concepto, evaluado en el proceso, nos irá diciendo acerca de la marcha de la psicoterapia, en función del desarrollo de un espacio de juego entre los protagonistas.

Quisiera destacar también, como un importante indicador diagnóstico, aquella percepción del psiquiatra en cuanto a que su dedicación al caso. La preocupación del terapeuta difiere según el vínculo establecido. Encontrará que hay pacientes que necesitan (a menudo requiriéndolo a gritos) ser tenidos muy presentes. En estos casos, el psiquiatra podría adentrarse en los aspectos de la preocupación maternal primaria de la teoría winnicottiana, que lo ayudaría a comprender la función de los primeros objetos del desarrollo humano.

La preocupación del profesional es la manera en que emergen, en el campo terapéutico, gran parte de las carencias de quien espera de él una ayuda, y esta, muchas veces, es la única que el paciente tiene la oportunidad de recibir lo que el medio nunca le ha aportado (Nemirovsky, 1999).

Si ha recibido una buena formación, el psiquiatra ha de saber, por experiencia y conocimientos, que en sus primeros intercambios con los pacientes graves a quienes trata, estos requerirán más del tono, del timbre de su voz, de la oportunidad de la palabra, que de la dimensión semántica. Y también que los pacientes más difíciles atienden, especialmente, a los aspectos parainterpretativos de la comunicación verbal. Y en estas cuestiones, conocer el pensamiento de Winnicott, ofrece muchísimos elementos para conceptualizar los aspectos de la comunicación, en términos de sostén (holding) metafórico y real.

En la práctica psiquiátrica es de gran utilidad y trascendencia clínica, considerar los conceptos de encuadre que venimos desarrollando, como sostenedor, protector, esperanzador. Y es frecuente que sea necesario establecer una "red" sostenedora, con la familia, amigos, compañeros de trabajo o con acompañantes terapéuticos, funcionando como un marco, como una extendida metáfora de la relación madre-bebé, para que pueda instituirse la comunicación con el terapeuta.

Los conceptos de *holding* y *handling* serán entonces sumamente útiles para comprender la función que tendrá esa red. En este sentido, el médico clínico, si está vinculado con el paciente positivamente, será un personaje importante más, en la configuración del sostén. Si así lo consideramos, con él será necesario comunicarse, darle su lugar en los afectos del paciente y aliarlo al tratamiento. De manera similar, si es un colega psicólogo quien lidera el tratamiento. La comunicación con él y con otros componentes de la red, debe ser fluida y permanente, ya que en la relación paciente/medicación o con las cuestiones que al psiquiatra le toca administrar en un tratamiento compartido, pueden crearse fisuras en la estructura terapéutica.

Si el psiquiatra se dispone a utilizar psicofármacos, sería interesante recordar lo que plantea Ferrali, J. C. (1998): "Sabemos que medicar no es administrar simplemente fármacos, es parte de un proceso terapéutico global y constituye una intervención de enorme complejidad. El acto de medicar se produce a través de una relación fundada en la palabra. Recordemos que el medicamento como signo, puede ser comprendido, en nuestra opinión, en una triple entidad por donde fluyen canales de un paquete comunicativo:

La señal química, portadora de los mensajes hacia la profundidad de las estructuras biológicas del cerebro. Mensajes que influyen sobre la transferencia de información en su interior.

El símbolo del canal binario, que vincula creencia, expectativa y actitud de quien lo da y quien lo recibe. La relación transferencial.

El símbolo social. Atravesando totalmente la cuestión, en el imaginario social.

Para ser más precisos solemos hacer una distinción entre tres diferentes conceptos:

- Fármaco, como señal química pura.

- Placebo como principio simbólico del canal binario y social, pero farmacológicamente vacío.

- Medicamento, que cumple las tres condiciones de señal química, símbolo del canal binario y símbolo social, constituyéndose en lo que es a través de la totalidad de su naturaleza significativa".

Este enfoque, tan reflexionado del acto de medicar, expresa las múltiples funciones de la herramienta farmacológica e incluye lecturas desde diferentes perspectivas, incluida la psicoanalítica.

También resulta oportuno lo que subraya Gabbard (2000) respecto a la prescripción de fármacos: "Un paciente experimentó la prescripción de un antidepresivo como una falla empática por parte del psiquiatra. El profesional, al averiguar por que el paciente no cumplía con la prescripción, recibió este comentario: Yo buscaba, dice el paciente, alguien que validara mis sentimientos. En cambio usted trató de medicarlos para que se fueran."

El vínculo empático guiará en cuanto al momento de considerar, junto con el paciente, la posibilidad de utilizar medicación.

Veamos otros elementos que aporta Winnicott, de utilidad para el psiquiatra: cuando un religioso le solicitó una orientación acerca de cuando recomendar tratamiento psicológico a una persona durante la confesión: Winnicott contestó: "si lo aburre, recomiéndele tratarse". El maestro inglés le posibilita utilizar a su interlocutor un instrumento de diagnóstico vincular sumamente útil, emparentado con aquello que los analistas denominamos contratransferencia y le sugiere que su mirada se dirija al aspecto central en el concepto de salud: la vitalidad del Self, la percepción de esa vitalidad en un sujeto de carne y hueso. Su contrario es el "aburrimiento crónico", la expresión de la desvitalización, de la no-vida.

Winnicott propone en varios de sus trabajos y como paradigma de salud, la continuidad de la existencia, basada en la tendencia innata al crecimiento, considerando a la enfermedad mental como una detención en el desarrollo. De manera que en aquellos pacientes especialmente graves deberá removerse lo que obstruye el desarrollo, de allí que "el ser humano individual crecerá como consecuencia de las fuerzas poderosas inherentes a sus tendencias heredadas". En este sentido, llega a ser muy útil a nuestros colegas psiquiatras, la taxonomía simple que Winnicott utiliza cuando plantea que hay diferentes categorías de pacientes, de acuerdo al equipamiento técnico del analista, que ya hemos planteado anteriormente.

Pero vale la pena destacar que en los pacientes predepresivos, graves o complejos, la labor del terapeuta ha de comenzar por ser muy paciente, tratando de empatizar con los estados afectivos del paciente, reconstruyendo, a partir del vínculo transferencial la historia fragmentada, y seguramente desde su actitud deberá considerar cuando es exigido por el paciente el otorgar alguna sesión extra y tantas tareas más, además de permanecer sin interpretar...

Ya señalamos que Winnicott propone jerarquizar la interpretación en las patologías "profundas" o en los aspectos profundos de pacientes predominantemente tempranos. Aquello que resulta más profundo irá apareciendo si (y solo si) posibilitamos la resolución a través del desarrollo de lo tempranamente fallido. Es necesario en este tema remitirse al clásico artículo "El temor al derrumbe" (Winnicott, 1974).

Otros aportes sustanciales se refieren al concepto del Self. Es muy importante para un psiquiatra, tomar lo que Winnicott denomina verdadero (original y propio, derivado del gesto espontáneo y de la idea personal) diferenciándolo de lo que resulta de una identificación con otro, de la falsa identidad. Durante la fase diagnóstica y para el logro de un adecuado abordaje terapéutico, será menester diferenciar, "lo que el paciente es" de aquello que siendo de otro "obtura el vacío". En otras palabras: separar lo propio y la defensa (ésta, en la acepción del término "falso" que Winnicott enfatiza: se trata de lo que no es propio o genuino del paciente y que podrá ser patológico en la medida que resulte impermeable, es decir, que en lugar de proteger al Self, lo aísle y permita su sometimiento o la fuga a la salud)

No olvidemos la concepción de la psicoterapia como espacio de juego compartido, como Winnicott lo propone en *Realidad y Juego* (1971) Desde luego que la creación de un espacio con estas características, que posibilite virtualidad y creación, es una de las metas de cualquier modalidad terapéutica útil.

Quedan muchísimos aportes winnicottianos en el tintero, sólo he enumerado algunos que considero centrales. Tampoco tendría sentido, salvo el didáctico, realizar un listado interminable, que atentaría contra la elaboración personal que el psiquiatra hará, si es de su interés, de la obra del autor.

Quisiera finalizar destacando un concepto caro a la manera de pensar de Winnicott: él destaca, y resulta muy importante para dilucidar la posición del profesional con respecto a su paciente. Señala, en reiteradas oportunidades, que una persona no puede mostrarse tal como es, en su absoluta intimidad ("no se puede andar con el corazón en la mano") a la vez que comenta que "es una tragedia no ser encontrado, pero es una desgracia ser hallado". Estas particularidades de los encuentros terapéuticos debieran estar presentes en el profesional, cuando considera su participación en el tratamiento de un paciente. Deberá enfrentarse permanentemente con esta paradoja, que como tal es un dilema que exige una respuesta ética: acercarse para contactar con el paciente, pero respetando su intimidad. Y estos conceptos no sólo son pertinentes a la comunicación psiquiatra-paciente, sino que se extienden a la utilización de medicación o de otras herramientas terapéuticas (internación, acompañamiento terapéutico) que deberán respetar lo propio del paciente, sin intentar forzar los cambios, para lograr una vida más saludable.

Con muchos de nuestros pacientes graves, y así debemos asumirlo muchas veces, sólo podremos proponernos acompañarlo intentando remover obstáculos, para que él pueda proseguir su desarrollo.

Bibliografía general

Aguilar, J. R. (2000). *Déficit y conflicto*, inédito.

Ades, D. (1982). *Dali and Surrealism.* Publisher, Harper and Row, NY.

Anfusso, Adriana (2001). Audepp, Rep. Oriental del Uruguay, Comunicación personal.

Anzieu, D. (1959). *El autoanálisis de Freud y el descubrimiento del psicoanálisis.* México: Siglo XXI editores, 1987.

——— (1974). Le moi-peau. *Nouveau Revue de Psychanalyse*, vol. 9.

Aragonés, R. J. (1999). *El narcisismo como matriz de la teoría.* Buenos Aires: Nueva Visión.

Aslan, C. M. (1988). El fundamento común en psicoanálisis: fines y procesos clínicos. *Rev. de Psicoanálisis*, XLV, 4.

Atwood, G.E. y Stolorow, R.D. (1984). *Structures of Subjectivity: Explorations in Psychoanalytic Phenomenology.* Hillsdale, NJ: The Analytic Press.

Atwood, G. E. y Stolorow, R. D. (1993). *Faces in a cloud.* New Jersey: Jason Aronson Inc.

Avenburg, R. (1984). El desarrollo psíquico tal como se refleja en el proceso psicoanalítico. *Rev. Psicoanálisis,* APdeBA, 1984, Vol. 2-3.

Bacal, H. A. y Thomson, P. G. (1996). Las necesidades de Selfobject del psicoanalista y el efecto de su frustración en el curso del tratamiento: una nueva visión de la contratransferencia. *Intercambios: papeles de psicoanálisis,* 1: 67-78.

Bacal, H. A. editor (1998). *Optimal responsiveness: how therapists heal their patients.* New Jersey: Jason Aronson Inc.

Balint, Michel (1968). *The Basic Fault: Therapeutic Aspects of Regression*, Londres, Tavistock Publications.

Baranger, M. y W. (1969). *Problemas del campo psicoanalítico.* Buenos Aires, Ediciones Kargieman.

Baranger, W. (1969a). El narcisismo en la obra de Freud, en *Estudios sobre Introducción al narcisismo de S. Freud,* comp. J. Sandler. J. Yébenes, Madrid, 1991.

Bauman, Z. (2003). *Amor líquido.* Fondo de Cultura Económica, Buenos Aires.

Benyakar, M. (2003). *Lo disruptivo.* Biblos, Buenos Aires.

Bettelheim, B. (1960). *El corazón bien informado, la autonomía en la sociedad de masas.* Fondo de Cultura Económica, México, 1973.

——— (1969). *La fortaleza vacía.* Paidós.

——— (1986). *Vienne 1880-1939.* Guía de la Exposición del C. George Pompidou.

Bleger, J. (1967). *Simbiosis y ambigüedad. Estudio psicoanalítico.* Buenos Aires, Paidós.

Bleichmar, H. (1997). *Avances en psicoterapia psicoanalítica.* Paidós, Buenos Aires.

Bleichmar, H. (2000). Aplicación del enfoque "Modular-Transformacional" al diagnóstico de los trastornos narcisistas. *Rev. de Psicoanálisis Aperturas Psicoanalíticas,* www.aperturas.org (5).

Bleichmar, N. y Bleichmar, C. (1989). *El psicoanálisis después de Freud. Teoría y clínica.* Eleia, México.

Bleichmar, N. y otros (2001). *Perspectivas del psicoanálisis.* México: Paidós.

Borges, J. L. (1975). *El libro de arena,* Emecé, Buenos Aires.

Borgogno, F. (2005). Llegar a ser: la importancia de la respuesta afectiva del analista a los sueños de una paciente esquizoide deprivada emocionalmente. *Rev. de Psicoanálisis Aperturas Psicoanalíticas,* www.aperturas.org (20).

Botella, C. y S. (1997). *Más allá de la representación.* Promolibro, Valencia.

Bouvet, M., *La relation d'object.* Payot, París, 1968.

Bowlby, J. (1969). Attachment and loss, Vol. I, *Attachment.* The Hogarth Press. También: *El vínculo afectivo,* Buenos Aires: Paidós, 1976.

———— (1979). Psychoanalysis as art and science. *Int. Rev. Psychoanalysis,* 6:3-14. También: *Psicoanálisis,* Vol. 2, 1980.

Bowlby, J. *El vínculo afectivo.* Morata, Madrid, 1986.

Broucek, F. J. (1991). *Shame and the Self.* New York: Guilford.

Carr, E. H. (1984). *¿Qué es la historia?* Sudamericana, Buenos Aires.

Casullo, N. y otros (1999). *Itinerarios de la modernidad.* Eudeba, Buenos Aires.

Croce, B. (1996). *Historia de Europa en el S. XIX.* Ariel, España.

Davis, M. y Wallbridge, D. (1981). *Límite y espacio.* Amorrortu, Buenos Aires, 1988.

Diamant, A. (2005). Avances en Salud Mental Relacional / Advances in relational mental health, Vol. 4, núm. 2 - Julio 2005. Órgano Oficial de expresión de la Fundación OMIE, *Revista Internacional On-line / An International On-line Journal.*

Dio de Bleichmar, E. (1977). *Enciclopedia de psiquiatría,* de G. Vidal, H. Bleichmar y R. Usandivaras, entrada "Infancia".

———— (2002). Sexualidad y género: nuevas prespectivas en el psicoanálisis contemporáneo. Aperturas Psicoanalíticas, n. 11. (*Revista por Internet: www.aperturas.org*).

Dupetit, S. (1986). *Convergencias de teoría psicoanalíticas: apuntes para una posible discusión.* XVI Congreso Latinoamericano de Psicoanálisis, México.

Emde, R. (1988). Development terminable and interminable. *Internat. J. Psycho-Anal.,* 69:23-42.

Erikson, E. H. (1950). *Symposium on Healthy Personality,* en M. J. Senn, ed. N. York: J. Macy, h., Foud.

———— (1982). *El ciclo vital completado.* Paidós, 1985.

Etchegoyen, R. H. (1986). *Los fundamentos de la técnica psicoanalítica.* Buenos Aires: Amorrortu. 2da. edición (2002), p. 557.

———— (1990). El psicoanálisis de la última década. La clínica y la teoría. Ficha de la Asociación Psicoanalítica de Buenos Aires.

Ey, H. (1978). *En defensa de la psiquiatría.* Huemul, 1979.

Fairbairn, W.R. (1941). A revised psychopatology of the psychosis and psychoneurosis. *International Journal of Psycho-Anal.* Vol. 4, pp. 751-81.

——— (1952). *Psychoanalytic Studies of the personality*, London: Tavistock. *Psicoanalítico de la personalidad*, Buenos Aires: Hormé, 1962.
——— (1953). Observaciones sobre la naturaleza de los estados histéricos. En *Las histerias*, compilador Saurí, J. J. Buenos Aires: Nueva Visión, 1985.
Fenichel, O. (1957). *Teoría psicoanalítica de las neurosis*. Buenos Aires Paidós.
Ferenczi, S. (1928). Elasticidad de la técnica psicoanálitica. *Psicoanálisis.* Madrid: Espasa Calpe, 1984, Vol. IV, pp. 59-72.
——— (1929). El niño mal recibido y su impulso de muerte. *O.C.,* Vol IV. Espasa-Calpe, 1984.
——— (1933). Confusión de lenguajes entre los adultos y el niño. *O.C.,* Vol. IV, p. 139-149. Madrid, Espasa-Calpe, 1984.
——— (1967). *Teoría y técnica del psicoanálisis.* Buenos Aires Paidós.
——— (1988). *Diario clínico.* Buenos Aires. Conjetural.
Ferrali, J. C. (1977). Fobia social. Estudio en el contexto de los trastornos de ansiedad en general y de las fobias en particular. *Revista Desarrollos en Psiquiatría Argentina,* p. 22. Año 2, n. 3.
Ferrater Mora (1984). *Diccionario de filosofía.* Alianza Editorial, Madrid.
Fiorini, H. (1999). *Nuevas líneas en psicoterapias psicoanalíticas: teoría, técnica y clínica.* Psimática, Madrid.
Freire, B. y Moreno, E. (1999). Reseña The clinical exchange. Techniques derived from Self and motivational systems (1996). *Revista Virtual de Psicoanálisis Aperturas*, www.aperturas.org, n.1.
Freud, A. (1965). *Normalidad y patología en la niñez.* Paidós, 1971.
Freud, S. (1900). La interpretación de los sueños. *O.C.,* vol. 4. Amorrortu, Buenos Aires, 1977.
——— (1915). Pulsiones y destinos de pulsión, Amorrortu, *O.C.,* vol. XIV, 113, 1977.
——— (1916). La transitoriedad, Amorrortu, *O.C.,* Vol. 14: 305.
——— (1916 [1917]). Conferencias de Introducción al psicoa-

nálisis, Parte III, Conf. n. 26, La teoría de la libido y el narcisismo, pp. 390/391. *O.C.,* Vol. 14: 65, Amorrortu, Buenos Aires, 1977.
——— (1917-1919). De la historia de una neurosis infantil. Amorrortu, p. 95.
——— (1920). Más allá del principio del placer. *O.C.,* Vol. 18, pp. 1-62, Amorrortu, Buenos Aires, 1977.
——— (1923 [1922]). Dos artículos de enciclopedia: Psicoanálisis y T. de la libido. *O.C.,* Vol. 18, p. 243, Amorrortu, Buenos Aires, 1977.
——— (1926). Inhibición, síntoma y angustia. *O.C.,* Vol. 20, pp. 71-164. Amorrortu, Buenos Aires, 1977.
——— (1930). El malestar en la cultura. *O.C.,* Vol. 21, pp. 57-140. Amorrortu, Buenos Aires.
——— (1932). Nuevas conferencias de Introducción al psicoanálisis. *O.C.,* Vol. 22, Amorrortu, Buenos Aires, 1985.
——— (1950). Proyecto de Psicología (1895). *O.C.,* Vol. 1, pp. 281-397, Amorrortu, Buenos Aires.
Gay, P. (1988). *Freud, una vida de nuestro tiempo.* Barcelona: Paidós, 1989.
Gabbard, G. (2000). *Psiquiatría psicodinámica en la práctica clínica.* Panamericana.
Galli, Vicente (1982). Una perspectiva de investigación psicoanalítica en psicosis. XIV Congreso Psicoanalítico de América Latina. Buenos Aires, Argentina.
Gedo, J. y Goldberg, A. (1973). *Modelos de la mente.* Buenos Aires, 1980, Amorrortu.
Geets, C. (1993). *Donald Winnicott.* Almagesto, Buenos Aires, Argentina.
Gergen, K.J.(1992). *El yo saturado.* Paidós, Buenos Aires.
Gioia, T (1984). El miedo ¿emoción básica? *Rev. Psicoanálisis APdeBA,* Vol. 2-3.
——— (1989). Comunicación personal.
——— (1996): *Psicoanálisis y etología.* Typos. Buenos Aires.
Giovacchini, P. (1972). *Tactics and techniques in psychoanalytic therapy.* N. York, Aronson, Vols. 1-2.

Green, A. (1975). *El analista, la simbolización y la ausencia en el marco psicoanalítico. De locuras privadas.* Amorrortu, Buenos Aires, 1990, pp. 48-87.

———— (1986). *Narcisismo de vida, narcisismo de muerte.* Amorrortu. Buenos Aires.

———— (1990). *De locuras privadas,* Amorrortu, Buenos Aires.

———— (1995). *La metapsicología revisitada.* Editorial Universitaria de Buenos Aires, 1996. Grinker, R., Werble, B. y Drye, R. (1968). *The Borderline Syndrome.* N. York, Basic Books, Inc.

Guinzburg, C. (1989). "Morelli, Freud y Sherlock Holmes: indicios y método científico" en *El signo de los tres.* Lumen, Barcelona, pp. 55-99.

Guntrip, H., (1967). El concepto de ciencia psicodinámica, *IJPA,* I, 48, 1967.

———— (1971). *El self en la teoría y la terapia psicoanalítica.* Amorrortu, Buenos Aires, 1973.

———— (1975). Mi experiencia analítica con Fairbairn y con Winnicott. *IPJA,* vol. 2, part. 2.

Hartmann, H (1970). *Ensayos sobre la psicología del yo.* Fondo de Cultura Económica, México, 1957. *Sobre la contribución al psicoanálisis de la observación directa del niño. Los procesos de maduración y el ambiente facilitador.* Paidós, Buenos Aires, 1993.

Hoffmann, J. M. (1984). Desarrollo temprano del Self. *Revista Psicoanálisis Apdeba.* N.2/3.

———— (1999). Preservar la espontaneidad vs. acatamiento: un aspecto interaccional del desarrollo temprano. En *El Self en la teoría y en la práctica,* compilado por Lancelle. Buenos Aires, Paidós, 1999.

Home, H.J. (1966). El concepto de la mente. *Rev. De Psicoanálisis,* Vol. XXVI, n. 1.

Jiménez Avello, J. (1998). *Para leer a Ferenczi.* Biblioteca Nueva, Madrid.

Jordán, J. F. (2001). Experiencia, trauma y recuerdo. A propósito de un texto de Winnicott. X Jornadas Winnicottianas, ICHPA, S. de Chile, octubre 2001.

——— (2010). Mutuo reconocimiento y el uso del objeto. Del filósofo en su silla a Donald Winnicott. *Rev. Chilena Psicoanálisis.* 2010, Vol. 27 (2):113-116.

Juri, L. y Ferrari L. (2000): ¿Rivalidad edípica o cooperación intergeneracional? Del Edipo de Freud al Ulises de Kohut. *Rev. Virtual de Psicoanálisis Aperturas.* www.aperturas.org n. 5, julio 2000.

Kahn, M. (1963). *La intimidad del sí-mismo. El concepto de trauma acumulativo.* Saltes, Madrid, 1980, pp. 47-66.

——— *Locura y soledad.* Lugar, Buenos Aires, 1983.

Kaplan, Harold; Sadock, Benjamin; Grebb, Jack (1994). *Sinopsis de psiquiatría.* Buenos Aires, Panamericana, 1996.

Kernberg, O. (1975). *Desórdenes fronterizos y narcisismo patológico.* México: Paidós, 1993.

Killingmo, B. (1989). Conflict and déficit: Implications for Technics. *Internat. J. of Psycho-Anal,* 70. En español: *Libro anual de Psicoanálisis,* 1999, 2.

Koestler, A. (1981). *Jano.* Debate, Madrid.

Kohut, H. (1959), Introspection, empathy, and psychoanalysis. *J. Amer. Psychoanal. Assn.,* 7: 459-483.

——— (1966). Forms and Transformation of Narcissism. *J. Am. Psycho-anal. Ass.* 14, 243-272.

——— (1971). *Análisis del self.* Buenos Aires: Amorrortu Editores, 1977.

——— (1977). *The Restoration of the Self.* New York: Int. Univ. Press. *La Restauración del sí-mismo.* Barcelona: Paidós, 1980.

——— (1979). The Two Analyses of Mr Z. *International Journal Pscho-Analysis,* 60: 3-27.

——— (1982). Introspection, empathy and the semi-circle of mental health. *Int. J. Psycho-Anal.,* 63.

——— (1984). *¿Cómo cura el análisis?* Buenos Aires: Paidós, 1986.

Lancelle, G., Lerner, H., Nemirovsky, C., Ortiz Fragola, A. (1987). Las identificaciones propias e impropias en el psicoanalizar. Actas XXXIV Congreso Psicoanalítico Internacional, Hamburgo. *Psicoanálisis.* Vol. XII, n.1, 1990.

Lancelle, G. (1984). Desarrollo psíquico temprano y psicología psicoanalítica del Self. Psicoanalítico. *Rev. Psicoanálisis*. APdeBA, 1984, Vol. 2-3.

———— (1999). (compilador). *El Self en la teoría y en la práctica,* Paidós, Laplanche, J. (1987). *Nuevos fundamentos para el psicoanálisis. La seducción originaria,* Amorrortu, Buenos Aires.

Laplanche, J. Pontalis, J-B. (1971). *Diccionario de psicoanálisis.* Labor, España. Primera, 1968.

Leclaire, S. (1977). *Conferencia en APA,* Buenos Aires.

Lerner, H. y Nemirovsky, C. (1989). La empatía en el psicoanalizar. *Psicoanálisis,* Apdeba, Vol. 11, pp. 129-143. Actas, XXVI IPA Internacional Congress, Montreal, Canadá, 1987.

Levín de Said, A. (2000). *Regresión a la dependencia.* Encuentro Winnicott, R. de Janeiro.

Levín, S., Nemirovsky, M. (2004). Controversias en torno del ensayo clínico controlado de psicofármacos. Inédito.

Levinton, N. (2001). Reseña del libro de S. Mitchell (2000). Relacionality from attachment to Intersubjetivity.

Lebovici, S. (1994). Empathie et enactment dans le travail de contre-tranfert". *Revue Française de Psychanalyse,* LVIII, pp. 1551-1561.

Lichtenberg, J. D. (1989), *Psychoanalysis and Motivation.* Hillsdale, NJ: The Analytic Press.

Lichtenberg, J. D Lachmann F. y Fosshage J. L. (1996). *The clinical exchange. Techniques derived from Self and motivational systems.* The Analytic Press, Hillsdale, New Jersey, USA, sintetizado por B. Freire y E. Moreno en www.aperturas.org, número 9, 2001.

Lipovetsky, G.(1986). *La era del vacío.* Barcelona: Anagrama.

Lopez Gil, M. (1992). *Filosofía, modernidad, posmodernidad.* Biblos, Buenos Aires.

Loewald, H. (1976). Primary process, secondary process, and language. *Papers on Psychoanalysis,* N. Haven, Yale Univ. Press, 1980.

Lyotard, J. F. (1994). *La posmodernidad (explicada a los niños).* Gedisa, Buenos Aires.

Mahler, M. (1968). *Simbiosis humana: las vicisitudes de la individuación.* Paidós.

———— (1975). *El nacimiento psicológico del infante humano.* Paidós.

Marrone, M. (2001). *La teoría del apego.* Psimática. España.

McDougall, J. (1980). *Plea for a Measure of Abnormality.* N.York: Int. Univ. Pres. En español: *Alegato por cierta anormalidad,* Petrel. Buenos Aires, segunda ed. (1993), p. 272.

———— (1987). *Teatros de la mente.* Tecnipublicaciones. España.

Meltzer, D. (1975). Adhesive identification. *Contemporary Psycho-Analysis,* vol. 2.

Mitchell, S. A. (1988). *Conceptos relacionales en psicoanálisis, una integración.* S. XXI, ed. 1993.

———— (1991). Contemporary perspectivas on Self toward an integration. *Psychoanalytic Dialogues* 1, 1991.

———— (1997). Influence and Autonomy in Psychoanalysis (1997). The Analytic Press: Reseñado por A. Liberman en *Aperturas Psicoanalíticas,* 9. Revista de psicoanálisis en Internet: www.aperturas.org

———— (2000). *Relationality: From Attachment to Intersubjectivity.* The Analitic Press, NJ.

Modell, A. (1984). *Psychoanalysis in a New Context.* NY Int. Press.

Moguillansky, R. (1992). Conferencia de Homenaje al Dr. M. Goldenberg, en ApdeBA, 25 de agosto 1992.

Morin, E. (1980). *El método.* Cátedra S.A. Madrid, 1993.

Nemirovsky, Carlos (1993). "Otros analistas, otros pacientes?". Reflexiones acerca del psicoanálisis actual. Actas XXVIII IPA Congress, Amsterdam.

———— (1997). "Algunas reflexiones (polémicas) acerca del pensamiento de D. W. Winnicott sobre las psicosis." VI Encuentro Latinoamericano del Pensamiento de D.W. Winnicott, Buenos Aires, 1997.

———— (1999). Edición-Reedición. Reflexiones a partir de los aportes de Winnicott a la comprensión y tratamiento de las psicosis y otras patologías graves. *Rev. Virtual de Psicoanálisis Aperturas.* www.aperturas.org n. 3, noviembre 1999.

———— (2001). Más allá de la representación (Reseña). *Rev. Virtual de Psicoanálisis Aperturas*. www.aperturas.org, n. 8, Julio 2001.
———— (2001). *Rev. Virtual de Psicoanálisis Aperturas*. www.aperturas.org n. 7, Marzo 2001. Publicado en *Psicoanálisis*, Apdeba, Vol. XXIV, n. 3, pp. 501-520, 2002.
———— (2003). Encuadre, salud e interpretación. Reflexiones alrededor de conceptos de D. W. Winnicott, *Rev. Virtual de Psicoanálisis Aperturas*. www.aperturas.org n. 13 Marzo 2003. Publicado en *Intercambios/Intercambis*, Barcelona, nov. 2002 Capítulo 14, Winnicott Hoy. Su presencia en la clínica actual. Comp. Por A. Liberman y A. Abello, Psimática, Madrid, 2008. *Publicado en Psicoanálisis ApdeBA*, Vol. XXVI, n. 1, 2004.
———— (2005). Correlato al trabajo del Dr. F. Borgogno, *Rev. Virtual de Psicoanálisis Aperturas*, www.aperturas.org n. 20.
———— (2011). La segnorina che faceva Hara-Kiri e altri saggi (chapter). Comp. F. Borgogno, Italy (2011). (*The young lady committing hara-kiri and other essays*, Karnak, 2013).
Nietzche, F. (1972). *La gaya ciencia*, libro tercero, af. 110.
Oelsner, Roberto (1988). Notas sobre el trauma precoz y la transferencia. X Simposio y Congreso Interno, Apdeba, Bs. As.
———— (1990). Comunicación personal.
Orange, D. M. , Atwood, G. E. y Stolorow, R. D. (1997). *Working Intersubjectively*. Hillsdale, NJ: The Analytic Press.
Ortiz Frágola, A. (1999). *La angustia y el happening*. Cap. De El Self en la teoría y en la práctica. Comp. G. Lancelle, Buenos Aires, Paidós.
Painceira, A. (1997). *Clínica psicoanalítica. A partir de la obra de Winnicott*. Lumen, Buenos Aires, Argentina.
———— (2002). Hacia una nueva teorización del psicoanálisis a partir de la "intuición fundamental" de Winnicott. *Psicoanálisis* Apdeba, Vol.XXIV, n. 3, pp. 521-542.
Paz, C. (1969). Reflexiones técnicas sobre el proceso analítico en los psicóticos. *Revista de Psicoanálisis*, 26, 571-630.
Paz, M. A. (2005). Vergüenza, narcisismo y culpa en psicoanálisis.

Revista virtual de Psicoanálisis Aperturas. www.aperturas org, número 25.
Pelento, M. L. (1992). *Apuntes sobre la obra de Winnicott,* 1er. Encuentro Winnicott, Buenos Aires.
Pine, F. (1990). *Drive, Ego, Object, and Self: A Synthesis for Clinical Work.* New York: Basic Books.
Pontalis, J-B (1971). Prólogo a *Realidad y Juego.*
Puget, J. (1991). Entrevistando a psicoanalistas. Reportaje del Dr. M. Spivacow. *Psicoanálisis,* XIII, 2.
Renik, O. Los riesgos de la neutralidad. *Rev. Virtual de Psicoanálisis Aperturas,*
www.aperturas.org, n. 10, marzo 2002.
Ricoeur, P. (1977). The question of proofs in Freud's psychoanalytic writings, *JAPA,* 25, 4, 1977.
Riera, R. (1995). Histeria y narcisismo. En *Homenaje a Freud: la histeria 100 años después,* editado por Gradiva, Associació d'estudis psicoanalítics. Barcelona: Prodisa.
———— Transformaciones en mi práctica psicoanalítica. www.aperturas.org n. 8, julio 2001.
Robbins, M. (1983). Toward a new mind model for the primitive personalities. *Int. J. Psychoanal.,* 64: 127-148.
Rodulfo, M. (1992). *El niño del dibujo. Estudio psicoanalítico del grafismo y sus funciones en la construcción temprana del cuerpo.* Buenos Aires, Paidós.
Rosenfeld, D. (2007). Psicoanálisis de los pacientes severamente perturbados.
www.apdeba.org: Clínica de los pacientes severamente perturbados.
Rosenfeld, H. (1965). Psychotes states. N. York: Int. University Press.
———— (1979). Psicosis de Transferencia en pacientes Borderline, Ficha
APdeBA. De "Borderline Advances", Edited by J. Leboit and Lapponi (1978).
Roussillon, R. (1991). *Paradojas y situaciones fronterizas del psicoanálisis.* Amorrortu, Buenos Aires, 1995.

Sabina, J. (1990). Con la frente marchita, Mentiras piadosas, CD.
Searles, Harold (1966). *Escritos sobre esquizofrenia.* Gedisa, Barcelona, España.
Segal, F. (2005). Vulnerabilidad y fortaleza en el campo psicoanalítico. IV Jornadas Rosarinas del Ateneo de Estudios Psicoanalíticos.
Schafer, R. (1983). The analytic Attitude. New York: Basic Books.
———— (1989). *Narratives of the Self, Psychoanalysis: Toward the Second Century,* Cooper; Kernberg, Person, Yale Univ. Press.
Shane, E. y Shane, M (1990). Object loss and Selfobject loss. *The Annual of Psychoanalysis.* Hillsdale, NJ: The Analytic Press.
Schur, M. (1972). *Sigmund Freud.* Barcelona: Paidós, 1980.
Smalinsky, E. Ripesi, D. Merle, E. (2009). *Winnicott para principiantes.* Era Naciente, Buenos Aires.
Stern, D. (1985). *El mundo interpersonal del infante.* Paidós, 1991.
Stolorow, R. y Atwood, G. (1992). *Contexts of Being. The Intersubjetive Foundations of Psychological Life.* The Analytic Press, Inc. Publishers. Versión castellana: *Los contextos del ser.* Herder, 2004.
Strachey, J., Introducción al yo y el ello (1923).
Sullivan, H. S. (1974). *La teoría interpersonal de la psiquiatría.* Psique, 1974.
Tolpin, M. (1978). Self-objects and oedipal objects: A crucial developmental
distinction. *Study Child.* 33:167-186.
Valeros, J. (1977). Notas sobre la relación del Self con la sexualidad. *Actas,* 6to. Encuentro Latinoamericano del Pensamiento de D. W. Winnicott, Buenos Aires.
———— (1989). Comunicación personal.
———— (1997a). *El jugar del analista.* Fondo de Cultura Económica.
Varela F. (1992). *La habilidad ética.* Debate, España.
Vattimo, G.(1990). *La sociedad transparente.* Paidós, Buenos Aires.
———— (1993). Prólogo del libro *Moderno Postmoderno* de J. Glusberg. Emecé, Buenos Aires.

Wallerstein, R. (1983). Self-psychology and "classical" psychoanalytic psychology: the nature of their relationship. *Psychoan. Contemp. Thought,* 6: 553-595.

——— (1988). One Psychoanalysis or many? *Int. J. of Psycho.* Vol. 69.

Watzlawick, P. (1976). *¿Es real la realidad?* Herder, España, 1994.

Winnicott, D. (1945). Desarrollo emocional primitivo. *Escritos de Pediatría y Psicoanálisis.* Laia, España, 1979.

——— (1952). La psicosis y el cuidado de los niños. *Escritos de Pediatría y Psicoanálisis.* Laia, España, 1979.

——— (1954). Metapsychological and clinical aspects of regression within the psycho-analytical set-up. *Int. J. Psycho-Analysis,* Vol. 36, pp. 16-26. Aspectos metapsicológicos y clínicos de la regresión dentro del marco psicoanalítico. *Escritos de Pediatría y Psicoanálisis.* Laia.

——— (1955-56). Variedades clínicas de la transferencia. *Escritos de Pediatría y Psicoanálisis.* Laia, España, 1979.

——— (1956). Preocupación maternal primaria. *Escritos de Pediatría y Psicoanálisis.* Laia, 1979, España.

——— (1957). *Sobre la contribución al psicoanálisis de la observación directa del niño. Los procesos de maduración y el ambiente facilitador.* Paidós, Buenos Aires, 1993.

——— (1959-1964). La clasificacion: ¿hay una contribución psicoanalítica a la clasificación psiquiátrica? [*The maturational processes and facilitating environment,* Karnak Books, Londres. *Los procesos de maduración y el ambiente facilitador*, Paidós, Buenos Aires, 1993.

——— (1960 a). *La teoría de la relación paterno filial. Los procesos de maduración y el ambiente facilitador.* Paidós, Buenos Aires, 1992.

——— (1960 b). La distorsión del yo en términos de self verdadero y falso. Libro citado.

——— (1960 c). *La familia y el desarrollo del individuo,* Paidós, Buenos Aires, 1984.

——— (1961). *Variedades de psicoterapia. El hogar, nuestro punto de partida.* Paidós, Buenos Aires, 1993.

———— (1962). *La integración del yo en el desarrollo del niño. Los procesos de maduración y el ambiente facilitador.* Paidós, Buenos Aires, 1993.
———— (1964). Importancia del encuadre en el modo de tratar la regresión en psicoanálisis. *Exploraciones Psicoanalíticas* I. Paidós, Buenos Aires, 1989. p. 123.
———— (1965a). Psicología de la locura. *Exploraciones Psicoanalíticas* I, Paidós, 1991.
———— (1965b). El concepto de trauma en relación con el desarrollo del individuo dentro de la familia. *Exploraciones Psicoanalíticas* I, Paidós, 1991.
———— (1966). Sobre los elementos masculino y femenino escindidos. Respuesta a Comentarios. *Exploraciones Psicoanalíticas.* Paidós, 1991.
———— (1967). Posfacio: D.W:W: sobre D:W:W. *Exploraciones psicoanalíticas.* Paidós, Buenos Aires, 1991.
———— (1967). *El concepto de individuo sano. El hogar, nuestro punto de partida.* Paidós, Buenos Aires, 1993.
———— (1970). Sobre las bases del Self en el cuerpo. *Exploraciones Psicoanalíticas* I, pp. 322-323, Paidós, 1991.
———— (1971). Playing and Reality, London: Tavistock Pub. *Realidad y juego*, Barcelona, Gedisa, 1982, 3a. edición.
———— (1974). Fear of Breackdown. *Int. Rev. of Psych-Anal. N. 1 y Psicoanálisis*, Vol. IV, n. 2, 1982. Temor al derrumbe (1982, 2). *Rev. Psicoanálisis,* ApdeBA.
———— (1987). *The Spontaneous Gesture.* Matter. [El gesto espontáneo. Paidós, 1990.]
Winograd, B. (2002). Ponencia. IV Congreso Argentino de Psicoanálisis, Rosario, mayo 2002.
———— (2005). *Depresión ¿enfermedad o crisis?* Paidós, Buenos Aires, 2005.
Zac de Goldstein, R. (1996). El juego del señuelo, dimensión erótica del deseo. *Rev. de Psicoanálisis,* Vol. L III, n.2
Zirlinger, S. (2001). Perturbaciones clínicas en la construcción de la realidad y la alteridad. En www.winnicott.net

——— (2002). Sobre la cura. Una visión sintética sobre los aportes de D. Winnicott a la idea de la cura. *Aperturas Psicoanalíticas,* 12. Revista de psicoanálisis en Internet: www.aperturas.org).

Zukerfeld, R. (1988). Transferencia y sugestión. Ponencia. I Congreso Argentino de Psicoanálisis, Buenos Aires,

——— (1999). Psicoanálisis actual: Tercera tópica, vulnerabilidad y contexto social. *Aperturas Psicoanalíticas,* 2. Revista de psicoanálisis en Internet, www.aperturas.org

——— (2002). Psicoanálisis, vulnerabilidad somática y resiliencia. Ponencia. IV Congreso Argentino de Psicoanálisis, Rosario, mayo 2002.

Zukerfeld, R, & Zonis Zukerfeld, R. (2004). Esperanza y determinismo en la actitud psicoanalítica: un estudio empírico sobre ciertos prejuicios teóricos, 43° Congreso Internacional de Psicoanálisis, IPA, New Orleans, 2004. Publicado en Zukerfeld, R, & Zonis Zukerfeld, R. (2005). *Procesos terciarios de la vulnerbilidad a la resiliencia,* capítulo 11, Buenos Aires.

Addenda bibliográfica I

Las obras más importantes de Winnicott

Winnicott, D. W. *Through Paediatrics to Psychoanalysis* (Por la pediatría al psicoanálisis). (1957).

———— *The Child and the Outside World* (El niño y el mundo externo). (1957).

———— *The Maturadonal Processes and the Facilitating environment* (Los procesos de maduración y el ambiente facilitador). (1965).

———— *Playing and Reality* (Juego y realidad). (1971).

———— *Therapeutic Consultations in Child Psychiatry* (Consultas terapéuticas en psiquiatría infantil). (1971).

———— *Fragment of an Analysis* (*Fragmento de análisis*). (1975).

———— *The Piggle. An Account of the Psychoanalytic Treatment of a Little Girl* (Psicoanálisis de una niña pequeña. The Piggle). (1977).

———— (1931). *Clinical Notes on the Disorders of Childhood.* London: William Heinemann.

———— (1949). *The Ordinary Devoted Mother and Her Baby.* Nine Broadcast Talks, London: Private Distribution Only.

———— *Conozca a su niño: psicología de las primeras relaciones entre el niño y su familia.* Buenos Aires, Paidós, 1970.

———— (1964). *The Child, the Family and the Outside World.* Harmondsorth: Penguin; Reading, Mass.: Addison-Wesley, 1987.

———— (1957). *The child and the outside world.* Londron, Tavistock Publications. Winnicott, Donald W. [*El niño y el mundo externo.* Buenos Aires, Hormé, 1980.]

———— (1965). *The Family and Individual Development.* London, Tavistock Publications. [*La familia y el desarrollo del individuo.* Buenos Aires. Hormé, 1984}.

————(1971). *Therapeutic Consulations in Child Psychiatry,* London: Hogarth Press. & the Inst. of Psa; New York: Basic Books, 1971. [*Clínica psicoanalítica infantil.* Buenos Aires. Hormé, 1992].

————(1971). *Playing and Reality.* London: Tavistock Publications [*Realidad y juego.* Buenos Aires. Granica, 1972].

———— (1977). *The Piggle. An Account of the Psychoanalytic Treatment of a Little Girl.* London: Hogarth Press and Inst of Psa; Madison, CT: International Universities Press, 1977, Harmondsworth: Penguin, 1980. [*Psicoanálisis de una niña pequeña.* The Piggle. Barcelona. Gedisa, 1980].

———— (1984). *Deprivation and Delinquency.* London: Tavistock Publications. (*Deprivación y delincuencia.* Buenos Aires. Paidós, 1990).

———— (C. Winnicott, ed.). (1986). *Home Is Where We start From. Essays by a Psychoanalyst.,* New York/London: W. W. Norton; Harmondsworth: Penguin. (*El hogar, nuestro punto de partida.* Buenos Aires. Paidós, 1993).

———— (1986). *Holding and Interpretation.* London: The Hogarth Press and the Inst of PSA; New York,: Grove Press, 1987; London: The Institute of Psycho-Analsyis and Karnac Books, 1989. (*Sostén e interpretación.* Buenos Aires. Paidós, 1989).

———— (1987). *Babies and their Mothers.* London: Free Association Books; Reading, Mass.: Addison-Wesley. Perseus Press, 1990. (*Los bebés y sus madres.* Buenos Aires, Paidós, 1989).

———— (1987). *The Spontaneous Gesture.* London & Cambridge, Mass: Harvard University Press. (*El gesto espontáneo.* R. Rodman Comp. Buenos Aires, Paidós 1990.

———— (1988). *Human Nature.* London: Free Association Books; New York: Schocken Books, 1988; New York: Brunner/Mazel, 1991. (*La naturaleza humana.* Buenos Aires. Paidós, 1993).

———— (1989). *Psychoanalytic Explorations.* London: Karnac Books; Cambridge, Mass: Harvard University Press, 1989. (*Exploraciones Psicoanalíticas* I y II. Buenos Aires. Paidós, 1991).

———— (1993). *Talking to Parents.* Workingham & Cambridge, Mass: Addison-Wesley. (1994). Perseus Press. (*Conversando con los padres, aciertos y errores en la crianza de los hijos.* Barcelona, Paidós, 1993).

———— (1996). *Thinking about children,* London: Karnac Books, Perseus Press, 1996. (*Acerca de los niños.* Buenos Aires, Paidós, 1998).

Algunos Sitios Web sobre Winnicott

www.apdeba.org
www.addall.com
www.aeapg.org.ar
www.apa.org.ar
www.aperturas.org
www.dwwinnicott.com
www.human-nature.com
www.ijpa.org
www.psi.uba.ar
www.psychematters.com
www.psiconet.com
www.winnicott.net

Addenda bibliográfica II

Obras importantes relacionadas con la teoría de Kohut

Libros en español:

Bleichmar, H. Ver www.aperturas.org y el libro *Avances en psicoterapia psicoanalítica. Hacia una técnica de intervenciones específicas.* Barcelona: Paidós.

Bleichmar, N. y Bleichmar, C. L. de (1997). *El psicoanálisis después de Freud: Teoría y clínica.* Paidós, México.

Lancelle, G. (compilador). *El self en la teoría y en la práctica.* Paidós, Buenos Aires.

Thoma, H.; Kachele (1985). *Teoría y práctica del psicoanálisis.* Herder, Barcelona.

Stolorow, R.D. y Atwood, G.E. (1992). *Los contextos del ser* Herder, España,

2004, pp. 13-82.

Revistas en español:

Es aconsejable revisar las Revistas y las presentaciones en Simposia, de Apdeba, de APA, de la Sociedad Argentina de Psicoanálisis y de la Escuela de Psicoterapia para Graduados, en las que se encontrarán artículos publicados, entre otros, por los siguientes autores:

Arendar, R.; Barrutia, A.; Casarino, E. C. de; Hoffman, J. M.; Leibovich de Duarte, A.; Lancelle, G.; Nemirovsky, C.; Ortiz Frágola, A.; Painceira, A; Paz, M. A.; Raggio, E.; Sinay Millonschik, C.; Winograd, B.

Relación con otros autores psicoanalíticos en lo concerniente al psiquismo temprano[1]

Winnicott, Mahler, Balint, Fairbairn, Ferenczi, Hartmann, Bowlby, Searles, McDougall, Gioia, Liberman, Grenacre, Green, Erikson, Sullivan, Horney, Bleger, A. Freud, Kernberg, Bollas.

Bibliografía general de H. Kohut

Kohut, H., Levarie, S. (1950). On the enjoyment of listening to music., *Psychoanal. Q.*, 19: 64-87.

Kohut, H. (1952). Review of Psychanalyse de la Musique., *Psychoanal. Q.*, 21: 109-111.

Kohut, H. (1955). Review of Beethoven and His Nephew., *Psychoanal. Q.*, 24: 453-455.

Kohut, H. (1955). Review of The Haunting Melody. Psychoanalytic Experiences in Life and Music., *Psychoanal. Q.*, 24: 134-137.

Kohut, H. (1957). Death in Venice by Mann: disintegration of artistic sublimation, *Psychoanal. Q.*, 26: 206-228.

Kohut, H. (1957). Observations on the psychological functions of music, *J. Amer. Psychoanal. Assn.*, 5:389-407.

Kohut, H., rep. (1957). Panel: Clinical and theoretical aspects of resistance, *J. Amer. Psychoanal. Assn.*, 5: 548-555.

Kohut, H. (1957). Review of The Arrow and the Lyre. A Study of the Role of Love in the Works of Thomas Mann, *Psychoanal. Q.*, 26:273-275.

Kohut, H. (1959). Introspection, empathy, and psychoanalysis, *J. Amer. Psychoanal. Assn.*, 7: 459-483.

Kohut, H. (1960). Review of Beethoven and his Nephew. A Psychoanalytic Study of their Relationship, *J. Amer. Psychoanal. Assn.*, 8: 567-586.

1 Tanto en las referencias bibliográficas, así como en los autores que considero cercanos al pensamiento kohutiano, he citados a los que considero más significativos, sin pretensión de agotar el listado.

Kohut, H. (1960). Review of Daniel Paul Schreber, Memoirs of my Nervous Illness, *J. Amer. Psychoanal. Assn.,* 8: 567-586.

Kohut, H. (1960). Review of Great Men: Psychoanalytic Studies. *J. Amer. Psychoanal. Assn.,* 8: 567-586.

Kohut, H., rep. (1960). Panel: The psychology of imagination. *J. Amer. Psychoanal. Assn.,* 8: 159-166.

Kohut, H. (1960). Review of Swift and Carroll. A Psychoanalytic Study of Two Lives. *J. Amer. Psychoanal. Assn.*, 8: 567-586.

Kohut, H. (1962). The psychoanalytic curriculum. *J. Amer. Psychoanal. Assn.,* 10: 153-163.

Kohut, H. (1964). Phyllis Greenacre - a tribute. *J. Amer. Psychoanal. Assn.,* 12: 3-5.

Kohut, H. (1964). Symposium on fantasy. *Int. J. Psychoanal.,* 45: 199-202.

Kohut, H. (1966). Forms and transformations of narcissism. *J. Amer. Psychoanal. Assn.,* 14: 243-272.

Kohut, H. (1968). Narcissistic personality disorders: outline systematic approach. *Psychoanal. Study Child,* 23:86-113.

Kohut, H. (1968). The evaluation of applicants for psychoanalytic training. *Int. J. Psychoanal.,* 49:548-554.

Kohut, H. (1970). Scientific activities of the American Psychoanalytic Association. J. *Amer. Psychoanal. Assn.,* 18:462-484.

Kohut, H. (1971). Peace prize 1969: laudation. *J. Amer. Psychoanal. Assn.,* 19:806-818.

Kohut, H. (1971). *The Analysis of the Self. A Systematic Approach to the Psychoanalytic Treatment of Narcissistic Personality Disorders.* New York: Int. Univ. Press. En español: *El análisis del self,* Amorrortu, (1977). Buenos Aires.

Kohut, H. (1979): "The two analysis of Mr. Z". *International Journal of Psychoanalysis.* 60, 3-27.

Kohut, H. (1982): "Introspection, empathy and the semi-circle of mental health." *International Journal of Psychoanalysis.* 63,395.

Kohut, H. (1972). Thoughts on narcissism and narcissistic rage. *Psychoanal. Study Child*, 27: 360-400.

Kohut, H. (1973). Psychoanalysis in a troubled world. *Annual Psychoanal.,* 1: 3-25.

Kohut, H. (1975). The future of psychoanalysis. *Annual Psychoanal.,* 3:325-340.
Kohut, H. (1975). The psychoanalyst in the community of scholars. *Annual Psychoanal.,* 3: 341-370.
Kohut, H. (1976). Creativeness, charisma, group psychology: Freud's Self-analysis. *Psychol. Issues,* 34: 379-425.
Kohut, H. (1977). On the occasion of Jean Piaget's eightieth birthday. *Annual Psychoanal.,* 5: 373-378.
Kohut, H. (1977). *The Restoration of the Self.* New York: Int. Univ. Press [La restauración del sí-mismo. Paidós (1980). Buenos Aires.]
Kohut, H., Wolf, E. S. (1978). The disorders of the Self and their treatment: an outline. *Int. J. Psychoanal.,* 59:413-426.
Kohut, H. (Ornstein, P., ed.). (1978). The Search for the Self: Selected Writings of Heinz Kohut, 1950-1978., New York: Int. Univ. Press.
Kohut, H. (1982). Introspection, empathy, and mental health. *Int. J. Psychoanal.,* 63: 395-408.
Kohut, H. (A. Goldberg, ed.). (1984). How Does Analysis Cure?, Chicago & London: Univ. of Chicago Press. [En español: *Cómo cura el análisis.* Paidós (1986), Buenos Aires.]
Kohut, H. (ed. W/intro. C. Strozier). (1985). Self Psychology and the Humanities: Reflections on a *New Psychoanalytic Approach.,* New York & London: W. W. Norton.
Kohut, H. Vol. I-IV. (ed. Ornstein, P.). (1991). *The Search for Self. Selected Writings of Heinz Kohut,* New York: International Univ. Press.
Kohut, H. (ed. by Geoffrey Cocks). (1994). *The Curve of Life: Correspondence 1923-1981.* Chicago: University of Chicago Press.
Kohut, H. *Los seminarios.* Paidós (1990). Buenos Aires.

Otras lecturas relacionadas con el autor

Adler, G. (1989). Uses, limitations Kohut Self psychology treatment borderline pts., *J. Amer. Psychoanal. Assn.,* 37:761-786.

Bacal, H. A. (1995). The essence of Kohut's work and the progress of Self psychology. *Psychoanal. Dialogues,* 5:353-366.
Basch, M. F. (1984). Memorial for Heinz Kohut, M.D., October 31, 1981, *Annual Psychoanal.,* 12:5-8.
Basch, M. F. (1995). Kohut's contribution. *Psychoanal. Dialogues,* 5:367-374.
Baudry, F. (1998). Kohut & Glover: role of subjectivity in psychoanalytic theory &, Psychoanal. *Study Child,* 53:3-24.
Chessick, R. D. (1980). The problematical Self in Kant and Kohut., *Psychoanal. Q.,* 49: 456-473.
Chessick, R. D. (1988). Comparison of Self in Heidegger and Kohut. *Psychoanal. Contemp. Thought,* 11: 117-144.
Ehrlich, R. (1985). Social dimensions of Heinz Kohut's psychology of the Self. *Psychoanal. Contemp. Thought*, 8:333-354.
Elson, M. (ed.). (1987). *The Kohut Seminars.* New York: Norton.
Elson, M., ed. (1987). *The Kohut Seminars on Self Psychology and Psychotherapy with Adolescents and Young Adults*. New York: Norton.
Friedman, L. (1986). Kohut's testament. *Psychoanal. Inquiry,* 6:321-348.
Gagnier, T. T., Robertiello, R. C. (1983). Klein and Kohut: clinical confluence-theoretical differences. *Psychoanal. Rev.,* 70:372-386.
Gedo, J. E. (1975). To Heinz Kohut: on his 60th birthday. *Annual Psychoanal.,* 3:313-324.
Glassman, M. (1988). Kernberg and Kohut: competing psychoac. models of narcissism., *J. Amer. Psychoanal. Assn.,* 36:597-626.
Goldberg, A., ed. (Kohut, H., Collab.). (1978). *The Psychology of the Self: A Casebook. Written with the Collaboration of Heinz Kohut.* New York: Int. Univ. Press.
Goldberg, A. (ed.). (1983). *The Future of Psychoanalysis. Essays in Honor of Heinz Kohut.* New York: Int. Univ. Press.
Goldberg, A. (ed.). (1988). *Learning From Kohut.* Hillsdale, NJ: The Analytic Press.
Goldberg, A. (1998). Self psychology since Kohut. *Psychoanal. Q.,* 67: 240-255.

Hamburg, P. (1991). Interpretation and empathy: reading Lacan and Kohut. *Int. J. Psychoanal.,* 72: 347-362.

Jacoby, M. (1990). *Individuation and Narcissism: The Psychology of the Self in Jung and Kohut.* London: Routledge.

Kirsner, D. (1982). Self psychology and psychoanalysis: interview with Heinz Kohut. *Psychoanal. Contemp. Thought,* 5: 483-495.

Kligerman, C. (1984). Heinz Kohut: a dedication, *Annual Psychoanal.,* 12: 3-4.

Kligerman, C. (1984). Memorial for Heinz Kohut, M. D., October 31, 1981, *Annual Psychoanal.,* 12: 9-18.

Kramer, S., Akhtar, S. (1994). *Mahler & Kohut: perspectives on development, psychopathology, and technique.* Northvale, NJ: Aronson.

Lee, R. R. & Martin, J. C. (1991). *Psychotherapy after Kohut: A Textbook of Self Psychology.* Hillsdale, NJ: The Analytic Press.

Modell, A. (1986). The missing element in Kohut's cure. *Psychoanal. Inquiry,* 6: 367-386.

Munschauer, C. A. (1987). A bridge between the theories of Kernberg and Kohut. *Psychoanal. Inquiry,* 7: 99-120.

Ornstein, P.H. (1974). Narcissistic personality disorders: Kohut's contribution. *Annual Psychoanal.,* 2:127-149.

Ornstein, P. H. (ed.). (1991). The Search for the Self, Vol. 4. *Selected Writings of Heinz Kohut: 1978-1981.* Madison, CT: International Universities.

Ornstein, P. H., Ornstein, A. (1995). Some distinguishing features of Heinz Kohut's Self psychology. *Psychoanal. Dialogues,* 5:385-392.

Saperstein, J., Gaines, J. (1978). Commentary on divergent views of Kernberg and Kohut. *Int. Rev. Psychoanal.,* 5:413-424.

Siegel, A. (1996). Heinz Kohut and the psychology of the Self, London/New York: Routledge.

Simpson, P. (1994). Heinz Kohut: His Enduring Influence Today. *Psychoanalytic Psychotherapy Review.*

Stepansky, P. E. (1983). Dissent: Adler, Kohut and psychoanalytic research tradition. *Annual Psychoanal.,* 11:51-76.

Stepansky, P. & Goldberg, A. (eds.). (1984). *Kohut's Legacy. Contributions to Self Psychology.* Hillsdale, NJ: The Analytic Press.

Tonkin, M., Fine, H.J. (1985). Narcissism and borderline states: Kernberg, Kohut, psychotherapy. *Psychoanal. Psychol.*, 2:221-240.

Treurniet, N. (1980). Concepts of Self and ego in Kohut's psychology of the Self. *Int. J. Psychoanal.*, 61:325-334.

Algunos links relacionados con la obra de Kohut

www.aperturas.org
www.cop.es
Self Psychology Bibliography Psyche Matters
Self Psychology Page International Council for Psychoanalytic Self Psychology
European Federation Psychoanalytic Selfpsychology
Institute for Contemporary Psychotherapy
Institute for the Advancement of Self Psychology
International Center for the Study of Psychoanalytic Self Psychology
The New York Institute for Psychoanalytic Self Psychology
Norwegian Forum for Self Psychology
The Training and Research Institute for Self Psychology

www.ingramcontent.com/pod-product-compliance
Lightning Source LLC
LaVergne TN
LVHW050850051026
849532LV00006BA/2189